Europa spricht in vielen Zungen, und was dabei herauskommt, ist oft nur Gerede – kein gewöhnliches freilich, sondern weihevolles Geschwätz von kultureller Mission und humanistischer Sendung. Dieses ›Europäische Alphabet‹ verrät auf kenntnisreiche und polemische Weise, wovon wir wirklich sprechen – von A wie »Auswanderung« bis Z wie »Zwei Europa«. So offenbart sich hier ein Kontinent, der fremder und widersprüchlicher ist, als jene ahnen, die ihn fortwährend im Munde führen. Der Autor geht der Geschichte von Wörtern und Begriffen, von Ideen und Ideologien nach, die heute das Gespräch über Europa bestimmen. Er befaßt sich mit mehr als 30 europäischen Leitbegriffen, wendet sie ironisch und führt sie auf ihre Wurzeln zurück. »Dieses mit Witz und Ironie vorgetragene Plädoyer gegen die ›allgemeine und gleiche Gedächtnislosigkeit‹ wünscht man sich auf viele ministeriale Nachttische.« (*Neue Zürcher Zeitung*)

Karl-Markus Gauß wurde 1954 in Salzburg geboren, wo er heute noch lebt. Er ist Essayist, Kritiker und Herausgeber der Zeitschrift ›Literatur und Kritik‹, hat zahlreiche Bücher veröffentlicht und schreibt für große Zeitungen wie die ›Die Zeit‹, die ›Frankfurter Allgemeine‹, die ›Neue Zürcher Zeitung‹ und ›Die Presse‹.

Karl-Markus Gauß

Das Europäische Alphabet

Deutscher Taschenbuch Verlag

Meinen fragenden Begleitern:
für Milena & Benjamin

Januar 2000
Deutscher Taschenbuch Verlag GmbH & Co. KG,
München
© 1997 Paul Zsolnay Verlag, Wien
(ISBN 3-552-04827-8)
Umschlagkonzept: Balk & Brumshagen
Satz: Satz für Satz. Barbara Reischmann, Leutkirch
Druck und Bindung: C. H. Beck'sche Buchdruckerei,
Nördlingen
Gedruckt auf säurefreiem, chlorfrei gebleichtem Papier
Printed in Germany · ISBN 3-423-36168-9

INHALT

Auswanderung 7
Balkan 17
Čownyki, ukrainisch 31
Dissident 35
Euro- 44
Fremde 50
Grenze 58
Heimat 68
Identität 78
Jugonostalgičari, kroatisch 84
   Jugoslawien 87
Kongreß 99
   Kurva, polnisch 105
Lega Nord, italienisch 109
Mobilität 116
Nachbarn 122
   Nation 124
   Nationalismus 133
Opfer 142
Pronari, albanisch 146
Quote 153
Regionalismus 159
Sprachpolizei 164
   Srče Europe, slowakisch 173
Tutiša, litauisch 177
Umvolkung 178
Volk, fahrendes 182

Weltsprache? Muttersprachen! 189
Xarnegu, baskisch 195
Ymir 197
Zwei Europa 198

AUSWANDERUNG

Die größte burgenländische Stadt war lange Zeit nicht im Burgenland, nicht einmal in Österreich zu finden, sondern in den Vereinigten Staaten von Amerika. In den letzten Jahrzehnten der Monarchie und den ersten der Republik hatten so viele Burgenländer die Heimat verlassen, daß mehr von ihnen bald nirgendwo als in Chicago wohnten, dem als zweitgrößte burgenländische Stadt Wien folgte, die dem Burgenland immerhin näher liegt als die drittgrößte, New York. Erst an vierter Stelle kam mit Eisenstadt eine Gemeinde, die auch tatsächlich zum Territorium des Bundeslandes im Osten von Österreich gehört. Gegen neunzigtausend Burgenländer haben in den USA, in Australien, in den verschiedensten Ländern auf allen Kontinenten das Ziel ihrer Auswanderung erreicht, einen Ort, an dem sie bleiben konnten und mit den Ihren leben wollten. Heute glauben viele Burgenländer, daß es höchste Zeit ist, sich endlich vor Überfremdung zu schützen. Gemeint ist aber weder, daß all ihre Freunde und Verwandten, wo immer sie sich in der → Fremde ansässig gemacht haben, wieder in die → Heimat zurückkehren sollten, noch daß Chicago sich ausländerfrei, also zur rein burgenländischen Metropole erklären müsse. Gemeint ist vielmehr, daß das Burgenland, das über Generationen so viele seiner Kinder ins Ausland exportierte, umgekehrt keinen

Zuzug von Fremden ins Burgenland mehr gewähren dürfe, ob es sich um Arbeitsemigranten oder Flüchtlinge handelt. Denn die teure Heimat, die immer ein Auswanderungsland war, möchte kein Einwanderungsland werden. Und schließlich sind die vielen Burgenländer, die ihr Glück im Ausland suchten, auch keine Ausländer, sondern Burgenländer, indes der Ausländer gerade jener Schmarotzer ist, der ins Burgenland will.

Die Burgenländer, ist hier einzufügen, sind nicht beschränkter noch böser als die Salzburger und Vorarlberger, als die Apulier, Andalusier, Flamen oder wer immer. Was das Burgenland mit vielen Regionen Europas verbindet, das sind die Abschiede, an denen die rauhe Geschichte von Auswanderungsländern so reich ist. Denn Europa war lange Zeit kein Ziel für Einwanderer, sondern der Ausgangspunkt großer Wanderungen. Ein Kontinent der Auswanderer, hat Europa jedes Jahrhundert wieder einen Teil seiner Bevölkerung ausgestoßen, übers Meer geschickt, vertrieben. Nicht jede europäische Macht hat die Auswanderung gleich so kühl geplant wie das Vereinigte Königreich von Großbritannien, das seine Sträflinge in Ketten auf Schiffe verfrachtete und in vermeintlich unbesiedelten Weltregionen als freie Menschen und dankbare Untertanen Seiner Majestät wieder ablud. Und doch war die Deportation immer eine Form der europäischen Völkerwanderung, innerhalb Europas und über Europa hinaus.

Große Massen machten sich aus Frankreich, aus Deutschland, aus Rußland auf den Weg, um der religiösen Intoleranz der Regierenden zu entrinnen; andere suchten, indem sie aus der kalten Heimat aufbrachen, dem Elend zu entfliehen, das die europäischen Feudalherren der Landbevölkerung zugedachten, dem Hunger, wie er in den Städten des frühen Industriezeitalters herrschte. Kein Erdteil, in dem die Verfolgten, Verarmten, die nach Freiheit Dürstenden Europas nicht an Land gingen, und kein Staat Europas, der an dieser jahrhundertelangen Abstoßung überschüssiger, unzufriedener und darum bedrohlicher Menschenmassen nicht seinen Anteil hätte. Die Auswanderung der Europäer wurde in den Aufnahmeländern außerhalb Europas als notwendige Zuwanderung gefördert, als naturgegebene Tatsache, die nicht zu ändern ist, geduldet, als Inbesitznahme erlitten. Allein in Afrika sind mindestens fünf Millionen Europäer eingewandert, viele von ihnen in Länder, deren afrikanische Bevölkerung in rechtlosen Status und wirtschaftliches Elend gedrückt war. Und allein zwischen 1960 und 1975 wanderten mehr Österreicher nach dem rassistischen Südafrika aus, als heute Afrikaner, selbst wenn sie aus den schlimmsten Despotien geflohen sind, nach Österreich einreisen dürfen.

Doch das ist bloß die eine Seite der stetigen europäischen Auswanderung, die so mächtig war und so lange anhielt, daß sie nicht nur das Antlitz Europas, sondern der ganzen Welt veränderte. Die andere wurde und wird hier selber aufgeschlagen, denn seitdem es Europa gibt, ist es in Bewegung. Die Siedlungsgeschichte Europas ist schon am Übergang von der Antike ins Mittelalter so vielschichtig, daß die Völker ihre Existenz allesamt der Vermischung verdanken, entstand doch ein jedes von ihnen, weil sich ansässige und zugezogene, besiegte und herrschende Gruppen unausgesetzt durchdrangen. Gerade in die Völker, die ihre Herkunft aus heroischer Vorzeit ableiten und ihre Geschichte in Mythen von Blut und Rasse gespiegelt wähnen, sind so viele Ethnien verschmolzen, daß ihren völkischen Predigern, wären sie in ihrem Eifer nicht mit Dummheit gesegnet, nur der schwindelnde Absturz in den Selbsthaß bliebe. Der Austausch an Menschen, wie er zwischen den Ländern Europas niemals abriß, hat zumeist die Unbill der Verhältnisse, Hungersnöte, religiöse Konflikte zum Anlaß; und doch hat die große Wanderung, auf die sich die Menschen begaben, nicht weil sie das Abenteuer suchten, sondern die Not zu wenden hofften, historisch immer wieder die geistige, kulturelle, ökonomische Entwicklung beschleunigt. Daß die Juden aus dem Spanien des 15. Jahrhunderts ausgetrieben wurden, war für sie und in der Folge für Spanien eine Katastrophe, für jene Länder Europas, in die sie flohen und in denen sie sich seßhaft machten, aber ein Segen. Einwanderer, auch wenn sie arm sind, beginnen, indem sie sich aus der Armut herauszuarbeiten trachten, sogleich den Reichtum ihrer Aufnahmeländer mitzuerschaffen, und selbst wo sie schlecht ausgebildet, borniert und roh sein mögen, öffnen sie der Gesellschaft, an deren Rand sie anfangs stehen, neue Sphären der Weltkultur. Alle Gesellschaften brauchen Zuwanderung, und die sich gegen sie abschotteten, haben es ausnahmslos bei Strafe des Niedergangs getan, also gerade bewirkt, was ihnen die Propagandisten der Abschottung zu verhindern versprachen: der nationale Egoismus, der vorgibt, die Einheimischen zu schützen, indem er die Fremden rabiat benachteiligt, er beschert schon mittelfristig auch den Einheimischen nichts als Nachteile.

Alle europäischen Nationen haben am Austausch ihrer Bevölkerungen teilgehabt, auch jene, die ihr Profil gerne nationalistisch scharf zu ziehen pflegen. Freilich gibt es Länder, die es gewohnt sind, die eigenen Menschen ziehen zu lassen, und solche, denen es vertrauter ist, daß fremde sich bei ihnen heimisch machen wollen. Italien etwa war ein klassisches Auswanderungsland, hat es doch ganze Dörfer und Sippen in andere Weltregionen verpflanzt und den solcherart von Generation zu Generation erzeugten Bevölkerungsschwund stets durch eine hohe Geburtenrate wieder in einen Überschuß verwandelt. Aus dem Auswanderungsland von gestern ist jedoch eines der Einwanderungsländer von heute geworden, nah sind die Küsten Albaniens und Afrikas, von denen die unerwünschten, in die Illegalität an Land gehenden Zuwanderer auf ihren Todesschiffen aufbrechen. Viele Italiener, die man gegen derlei für immun halten zu dürfen glaubte, zeigen sich darob nicht weniger ratlos erbost als ungezählte Menschen anderswo in Europa, die aus ihrer Angst in Haß und Ressentiment und aus dem freudlosen Dasein in den Spaß am kleinen Pogrom flüchten. Nun ist das kinderfreundliche Italien mittlerweile bei der niedersten Geburtenrate in ganz Europa angekommen und braucht, soll der Bevölkerungsstand gehalten werden, den jährlichen Zuzug von etlichen zehntausend Menschen. Pensions- und Versicherungsstatistiker wiederum haben für Deutschland errechnet, daß jährlich etwa 400000 Menschen einwandern müssen, damit der reichste Staat Europas nicht verarme. Immerhin sind noch 1994, als in Deutschland manches Ausländerwohnheim brannte, eine Dreiviertelmillion Deutsche in der berechtigten Hoffnung ausgewandert, in der Fremde, die ihnen zur Heimat werden soll, nicht mit Brandbomben empfangen zu werden. Ohne den Zuzug von Menschen, die von ihrer Herkunft her keine Deutschen sind, denen es aber ermöglicht wird, zu solchen zu werden, würde Deutschland binnen hundert Jahren auf den Bevölkerungsstand von 1620 zurückfallen, da nach Seuchen und Kriegen das halbe Land verödet lag. Daß Deutschland von sich aus Deutschland bleibe, dafür gibt es einfach zu wenige Deutsche und von den wenigen zu viele, die nicht fruchtbar werden! Italien wie Deutschland benötigen also aus ökonomischen Gründen die Zuwanderung, aber sie werden einen Teil dieser Zuwanderer im eigenen Interesse auch zu Einwanderern erklären müssen, es sei denn, sie strebten eine nationale Zukunft an, in der es immer weniger Deutsche und Italiener gibt, die dann wohlversorgt von einem fremdländischen Heer aus Kellnern, Krankenschwestern, Arbeitern, Wirten, Sicherheitsbeamten als Rentner im eigenen Lande leben.

Jahrhundertelang hatte die europäische Binnenwanderung die Menschen ostwärts geführt – daß jetzt aus Auswanderungsländern Einwanderungsländer werden, ist eine seltsame Umkehr der Geschichte. Und da die Gedächtnislosigkeit eine europäische Tugend ist, scheint gerade dort, wo die Menschen einst in Scharen aufgebrochen sind, jede Erinnerung daran getilgt. So gelten beispielsweise in Österreich und in Deutschland, aber auch in Ungarn just die Rumänen als die unbeliebtesten der westwärts aufbrechenden Europäer, ja sie tauchen in den Medien fast nur mehr in kriminalisierenden Gruppenbegriffen als Angehörige von Erpresser-, Schieber und Einbrecherbanden auf. Als wäre den Rumänen ein Wandergen mitgegeben, das sie drängt, anstatt in der Heimat zu arbeiten, lieber im Ausland zu stehlen, repräsentieren sie die Barbaren des Ostens schlechthin, deren einziges Ziel es ist, parasitär von dem Reichtum zu schmarotzen, den andere erwirtschaften. »Soll es wirklich unsere Aufgabe sein, die halbe Bevölkerung Rumäniens nach Österreich übersiedeln zu lassen?« stellt die Presse ihre Frage, die gleich ihre gar nicht so harmlose Antwort ist. Just umgekehrt hat sich bisher aber nicht halb Rumänien in Österreich angesiedelt, sondern jahrhundertelang ein Menschenstrom von Österreich und Deutschland in den rumänischen Osten ergossen. Seit dem 14. Jahrhundert schon waren die Walachei und Siebenbürgen die letzte Zuflucht ungezählter Freigeister gewesen, die den deutschen Fürsten oder den österreichischen Klerikern zu entkommen trachteten. Wer religiös nicht nach der Fasson seines Landesherren selig werden wollte, dem winkten, ob er aus dem Rheinland stammte oder aus Oberösterreich, immer noch die Länder an den Rändern der Zivilisation, in denen er ungeknebelt seinen Idealen leben mochte. Noch die fromme Kaiserin Maria-Theresia hat die unbotmäßigen Bürger aus dem schwäbischen Ulm wie aus den Tälern Kärntens nach Transsylvanien und in die Wojwodina verschickt, als Landler und Schwaben haben sie dort Kulturgeschichte geschrieben. Und erst recht für Ungezählte, die sich mit der lokalen Obrigkeit nicht zurechtfanden oder die daran waren, sich in den Armenvierteln der Städte abhanden zu kommen, war die Freiheit des Ostens eine sprichwörtliche, und die Toleranz, mit der sich eine Vielfalt von

Sprachgruppen und Religionen dort zusammenfand, ein Versprechen. Das ist, aufs Ganze der glorreichen Geschichte Europas gesehen, gar nicht so lange her, vor allem wenn man bedenkt, daß in Österreich, Frankreich und sonstwo Ereignisse national und kirchlich zelebriert werden, die sich vor eintausend oder eintausendfünfhundert Jahren vermutlich ohnehin gar nicht zugetragen haben. Und doch ist es bereits zu fern, als daß es noch irgendeine Facette, einen Strich nur in dem Bild ergäbe, das sich die europäischen Völker voneinander machen.

Nein, die nationale Lebenslüge, mit der das greinende Volk überall in Europa gestillt wird, darf diesem so rasch nicht entzogen werden; und darum wird ihm weiter glauben gemacht, daß es die Hungersnöte in Afrika, die Kriege auf dem Balkan, das wirtschaftliche Desaster Osteuropas sind, die den wohlhabenden Ländern die Fremden ins Land gebracht haben, daß es also die drängende Not der Einwanderer, nicht der dringende Bedarf an ihnen ist, der unsere Grenzen durchlässig macht. Wen wir nicht benötigen, dem verschafft aber auf Dauer kein Elend der Welt ein Bleiberecht bei uns. Aus Angst, den Populisten zu reizen, der das Volk das Hassen lehrt, wird so in Österreich selbst von informierten Politikern peinlich verschwiegen, was doch selbstverständlich ist: daß Österreich, das immer ein Auswanderungs- und ein Einwanderungsland zugleich war, auch heute beides ist. Der halben Million Österreicher, die im Ausland lebt, stehen 550 000 Ausländer gegenüber, die in Österreich leben möchten. Das ist, jenseits von Ängsten, die der eine, und von Hoffnungen, die der andere damit verbinden mag, eine Tatsache. Wo die Einwanderung notwendig ist und ohnehin stattfindet, wäre es angeraten, sie weder zu leugnen noch zu verdammen, sondern zu planen. Dabei ist Euphorie so wenig angebracht wie Panik. Wie wir nicht um jeden, der ausgewandert ist, in völkischer Ergriffenheit zu trauern brauchen, ist es auch überflüssig, jene, die einwandern, aus multikulturellem Enthusiasmus gleich für die besseren Menschen zu halten. Ein österreichischer Auswanderer nach Argentinien war auch Adolf Eichmann, und der österreichische Politiker, der den letzten Wiener Gemeindewahlkampf erfolgreich als Orgie der Niedertracht inszenierte, in der die Hetze gegen Ausländer mit der Verdummung der Inländer verschmolz, hört immerhin auf den Namen Pawkowicz: wären die Gesetze, die er heute fordert, schon vor hundert Jahren in Kraft gewesen, er jedenfalls wäre uns erspart geblieben.

BALKAN

Auch Begriffe haben ihre Karrieren, und eine der interessantesten hat der »Balkan« hinter sich gebracht, mit dem es sprachhistorisch von der geographischen Bezeichnung zum Synonym für barbarische Verhältnisse weit nach unten gegangen ist. Am Ende ist der Balkan selbst für die, die auf ihm zu Hause sind, ein Schimpfwort geworden, das sie im Streit mit den anwohnenden Nationalitäten für diese und zur Abgrenzung gegen sie verwenden. Sprachlich aus dem Türkischen stammend, meint Balkan zunächst nichts anders als »Gebirge«, ein besonderes freilich, welches sich etwa 600 Kilometer von der Mündung des Flüßchens Timok in die Donau in großem Bogen zum Schwarzen Meer erstreckt und, obgleich es sich nur selten über 2000 Meter erhebt, von Tälern so schroff durchschnitten wird, daß der Anblick pittoresk anmutet. Seit Karl May, der »In den Schluchten des Balkan« freilich nie war, hat das unwegsame Gebiet den Europäern des Nordens und Westens stets Abenteuer und Gefahr verheißen, den Reiz und die Gefahr des →Fremden. Das Gebirge gab den Namen zuerst für das umliegende Land, später für die größte der europäischen Halbinseln und diese ihn wiederum für die unübersehbar vielen Völker, die sich dort im Laufe der Jahrtausende seßhaft gemacht, miteinander unauftrennbar vermischt haben und heute nicht selten einen kurios realitätsverleugnenden wie gewalttätigen Kult der Differenz, ihrer vermeintlichen →Identität treiben.

Wenige Gebiete mag es auf der Erde, kein anderes in Europa geben, wo nationaler Dünkel und religiöse Intoleranz so lebensfremde Verblendung wären wie hier, da die Völker seit jeher nicht nur nahe beieinander leben, sondern unauflöslich ineinander verschmolzen sind. Der Wahn, ethnisch homogene Gebiete zu schaffen, wie er auch sonst überall auf der Welt nur zu kulturellem Niedergang, wirtschaftlichem Abstieg, zur Verwüstung vormals vielgestaltig blühender Regionen führte, auf dem Balkan muß er alle ethnischen Gruppen in einen Strudel aus Krieg und Vertreibung, Rache und Wiederrache reißen. Selbst in Gebieten, die unter den Stiefel des →Nationalismus geraten sind, werden die Psychopathen der ethnischen Säuberung ihres Werkes nicht froh, denn bald schon brechen auch in den vermeintlich purifizierten Gebieten die historischen Schichten von Assimilation und Separation wieder auf; und konsequent müßte die ethnische Säuberung in jedes Dorf, in jede Straße, in jedes Haus greifen und zuletzt gegen den einzelnen selber wüten, der immer eine Großmutter, einen Urgroßvater, irgendeinen Vorfahren hat, den es nachträglich aus der eigenen Geschichte zu tilgen gilt, der als Teil von einem selber ausgerissen gehört. Daß die Despoten und ihre unzähligen Demagogen die unwiderrufbare Vielfalt des Balkans, die allen seinen

Völkern die einzige Grundlage des Daseins bedeutet, heute zerstören wollen, haben ihnen freilich vor hundert Jahren schon jene Europäer geraten, die sich jetzt über die ethnischen Kriege so entsetzen. Kaum nämlich, daß er von den Gelehrten geographisch und linguistisch exakt vermessen war, wurden mit dem Balkan in der deutschen, der österreichischen, der englischen Publizistik keine klar beschriebenen Gebiete, sondern unklare Verhältnisse bezeichnet. Was so wild wie die Landschaft und so chaotisch wie die politischen Zustände schien, die dort herrschten, das wurde zum »Balkan« erklärt, der so bald für alles stand, was national unübersichtlich und politisch unberechenbar schien und nicht von der Hegemonie eines Staatsvolkes, sondern der Balance vieler Völker geprägt war.

Der Balkan, lehrten es die rassistischen Witzblätter in London und Berlin, der Balkan ist ein Morast, aus dem sich kein Herrenvolk wie die Deutschen oder die Engländer zu erheben vermochte, ein Herrenvolk über die anderen Völkerschaften, das den Raum nach seinem Maß zu beherrschen in der Lage wäre. Was die Propagandisten des Wilhelminismus wie des Imperialismus am Balkan verachtungsvoll entbehrten, das war jenes Volk, das sich kraft mythischer Substanz, großer Zahl und machtbewußter Führer willens und fähig zeigte, der ganzen Region seinen Stempel aufzudrücken. Wonach sie daher Ausschau hielten, das waren die Preußen des Balkans, die das unappetitliche Völkergewirr unter ihren politischen Machtwillen zwingen könnten. Die Geschichte der Balkanstaaten ist im 19. Jahrhundert denn auch die Geschichte der Großmächte, die bald im alten Bulgarien, bald im aufstrebenden Serbien jene potentielle Vormacht erkennen mochten, die den zersplitterten Völkerschutt vereinen könnte. Da es diese kommende Großmacht aber nicht gab, nicht geben konnte und nur bei Gefahr eines Brandes, der die ganze Region überzieht, je geben kann, maßen die politischen Denker Europas dem Balkan bald eine andere Rolle zu. Mochten sich die Völker dort ruhig massakrieren, im Kleinkrieg gegen das Osmanische Reich ausbluten, für diesen Teil der Erde hatten die Europäer nichts Besseres im Sinne: So pflegten England und Österreich-Ungarn, Deutschland und Frankreich ihre gegensätzlichen staatlichen Interessen immer auch auf dem Balkan auszufechten, neuen Haß unter dessen Bewohner streuend, indem der eine jenen Staat unterstützte, dem der andere die Legitimität absprach, der eine diese Untergrundarmee favorisierte, die der andere bekämpfte. Und auf die Throne Rumäniens oder Bulgariens und all der Staaten, deren Grenzen geradezu mutwillig auf den europäischen Konferenztischen gezogen wurden, fanden sich irgendwelche willfährigen Abkömmlinge der diversen Fürstenhäuser Europas gesetzt, die den Throneid in der Regel noch gar nicht in der Landessprache abzulegen wußten, weil sie das ihnen von der himmlischen und der irdischen Macht gegebene Land erst kurz vorher zum ersten Mal betreten hatten. Nichts als ein Spielball war der Balkan den Großmächten – in einem Spiel, das sie gegeneinander und um die Erbschaft spielten, die das über ein Jahrhundert lang todkrank siechende Osmanische Reich ihnen hinterlassen würde; ein Spielball, mit dem zu spielen gefährlich war, denn er konnte mit Pulver gefüllt sein, und wenn es ihn zerfetzte, mochten auch die in Mitleidenschaft gezogen werden, die ihn sich zugespielt hatten.

Als »Pulverfaß Europas« wurde der Balkan schon vor 1914 bezeichnet, und bis heute hält sich die Legende, das alte Europa der Monarchien, das Europa der Hohenzollern, Habsburger und Romanows wäre auseinandergebrochen, weil politische Abenteurer am Balkan eine mächtige Explosion verursacht hätten. Der überspannte, von großserbischen Visionen und der pubertären Sehnsucht nach dem Märtyrerschicksal geplagte Gymnasiast, der in Sarajevo den österreichischen Thronfolger Franz Ferdinand ermordete, verdient zwar keineswegs die nekrophile wie kitschige Heldenverehrung, die ihm in Jugoslawien zuteil wurde, aber ihn zum Brandstifter zu erklären, der halb Europa in Flammen aufgehen ließ, heißt ihn überschätzen und einzig den Ball für das Spiel verantwortlich machen, das andere, Mächtigere, sich mit dem Balkan gegeben haben. Aber nicht nur am Ersten, neuerdings sollen die Balkanvölker ja auch am Zweiten Weltkrieg ihre Schuld tragen. So hat der berühmte amerikanische Reporter Robert D. Kaplan in seinem vielgelesenen Buch über »Die Geister des Balkan« allen Ernstes behauptet, »daß der Nazismus balkanischen Ursprungs sei. Die Asyle von Wien an der Grenze zur slawischen Welt waren Brutzellen ethnischen Ressentiments; hier lernte Hitler auf so ansteckende Weise zu hassen.« Zwar waren die Asyle Wiens damals gerade nicht von Entwurzelten des Balkans, sondern von galizischen Juden und den Gestrandeten der Donaumonarchie überfüllt, aber der Geist, aus dem da die Asyle der Ärmsten zur Geburtsstation des Nazismus erklärt werden, bleibt gespenstisch genug: Für den Rassismus ist ihm nicht der Rassist verantwortlich, sondern der Flüchtling, der Arbeitsemigrant, der Fremde, dessen Gegenwart und Anblick der Rassist nicht ertragen kann, ohne daß ihm der drängende Wunsch nach Austreiben, Totschlagen, Verbrennen käme.

Zweimal in der Geschichte ist der Balkan langfristig politisch geeint gewesen. Einmal, als sich aus dem Untergang des Römischen Imperiums ein oströmisches Reich, Byzanz, formte; das andere Mal, da sich im Untergang des byzantinischen Staatenverbandes ab dem 14. Jahrhundert das kontinentenweite Reich der Osmanen auf den Balkan ausdehnte. Unzählige Versuche, den Balkan nicht von auswärtigen Mächten, sondern vom Balkan selber aus politisch zu einen, sind gescheitert – in Stammeskämpfen, am Egoismus lokaler Despoten, vor überzogenen Ansprüchen der sich bildenden Herrschaft zunichte geworden, am Hader der regionalen Mächte oder den Konflikten der auswärtigen Großmächte zugrunde gegangen. Wenige Versuche gediehen so weit wie das Einungswerk des Stefan Dušan, der 1346 zum »Kaiser der Serben und Griechen« gekrönt wurde und dessen sich zage abzeichnendes Reich doch sogleich unter seinen Nachfolgern in feudalen Wirren, Teilungen, Diadochenkämpfen zerfiel. Die Staatenwelt blieb unsicher, die Grenzen wechselten, die Träume zielten unruhig bald nach Süden, wo sich Griechenland niemals zu den Balkanstaaten gerechnet wissen wollte, bald nach Osten, wo die vermeintliche Heimat aller Slawen lockte, das Allslawentum unter russischer Obhut, und mit jedem Stück, das dem über das 19. Jahrhundert langsam zurückweichenden, aus Europa zurückgedrängten Osmanischen Reich abgerungen wurde, schien sich der Umriß eines anderen Balkanreiches abzuzeichnen. Doch weder die Bulgaren noch die Serben oder gar die Walachen oder die Albaner konnten zum Piemont des Balkans werden, und die Völker, die sie hätten hinter sich bringen müssen, waren auch um Dutzende mehr, als sich im aufgesplitterten Italien gefunden hatten. Immer näher schien die Einigung und immer ferner geriet sie in Wahrheit, als die Ideen, die im 18. Jahrhundert den Westen Europas ergriffen hatten, auf den Balkan gelangten; in eine Weltregion, der die Vorstellung, daß jede →Nation auch ihren Staat brauche und die gewissermaßen natürliche Ordnung der Welt das System von Nationalstaaten sei, unangemessen bis zur Verstiegenheit ist. Allein in der Volksrepublik Jugoslawien wurden im Jahr 1960 fünfzehn Volksgruppen gezählt, und in Rumänien waren es neunzehn. Den noch etwas östlicher gelegenen Kaukasus, der eine Wiege der Menschheit und Europas gewesen ist, den Kaukasus mit seinen aberdutzenden Völkerschaften hat die Zeitschrift »Newsweek« kürzlich gar als »ethnischen Alptraum« bezeichnet.

Ein Alptraum? Wenn jede dieser Völkerschaften sich am westeuropäischen Modell des Nationalstaates orientiert und sich dem Irrglauben verschreibt, alle Demütigung und Not hätten ein Ende, wenn nur erst der Staat für die eigene Gemeinschaft, und nur für diese, errichtet wäre, für jede Nation, für jede Minderheit, für jeden Stamm, für jede Gruppe, die sich im Besitze einer eigenen → Identität empfindet und der diese heilig ist – dann müssen ethnisch ineinander verwobene Gebiete tatsächlich zum permanenten Alptraum verkommen. Aber muß es so sein? Haben die Völker immer danach gestrebt, sich zu separieren, und gibt es kein Leben außerhalb nationaler Staatlichkeit? So alt wie der Appetit größerer Stämme, sich die benachbarten einzuverleiben, so alt wie die Kämpfe mächtiger Fürsten, sich die Länder der schwächeren Standesgenossen im Zuge eines Einigungskrieges anzueignen, ebenso alt sind auch die Versuche, auf dem Balkan zu einer Konföderation zu gelangen, die die historisch überkommenen Rechte der verschiedenen Gemeinschaften respektiert, aber dennoch nicht im erzwungenen Partikularismus lokaler Obrigkeiten steckenbleibt. Sind Staaten, in denen Menschen verschiedener Nationalitäten zusammenleben, immer gleich ein »Völkerkerker«, als den die slawischen Nationalitäten die Donaumonarchie in deren letzten Jahren empfanden?

Das martialische Bild, das die Völker in einen gemeinsamen Staatsverband gesperrt sieht wie in einen Kerker, es kehrte in den letzten Jahren wieder; ehe die Sozialistische Föderative Republik Jugoslawien so blutig zerfiel, wurde der Völkerkerker neuerlich beschworen, in den wissenschaftlichen Schriften von Professoren, die den großen Zerfallskrieg herbeiführen halfen, in zahllosen Reden erfolgreicher Politiker, die sich im Aufhetzen der niedersten Instinkte ihrer Zuhörer populär zu machen wußten. Ob die Donaumonarchie ein Völkerkerker, ob Titos →Jugoslawien einer war, ist die Frage – daß viele Menschen aus der gesellschaftlichen Apathie zu reißen waren, just indem ihnen Freiheit, Wohlstand, Würde versprochen wurden, sobald der vermeintliche oder halluzinierte Völkerkerker nur erst aufgesprengt war, das war jedenfalls die Antwort darauf. Und indes die nationalistisch entflammten Politiker in der serbischen Teilrepublik ihr Heil darin suchten, das höchst sorgsam austarierte System der jugoslawischen Verwaltung von der Metropole bis in die Regionalparlamente auszuhöhlen, so daß sie schließlich in den bundesstaatlichen Organen jede beliebige Entscheidung majorisieren konnten, suchten die reichlich vorhandenen Nationalisten der anderen Teilrepubliken ihr Heil in der Separation, in der Trennung ehebaldigst und gleich um welchen Preis. Die Grausamkeit, mit der das Ende exekutiert wurde, war singulär, wohl erprobt hingegen das Muster, nach dem es geschah. Jedenfalls war der Zerfall stets das Ende der Einigung, und eben dafür ist der Balkan heute zum Synonym geworden: für Zerfall und dafür, daß die fürchterlichste Wendung der Dinge die einzige ist, die verläßlich eintritt.

Der Zerfall müßte aber eben diese fürchterlichste Wendung gar nicht sein. Er könnte ja auch Kräfte freisetzen, die vorher sinnlos an das falsche Objekt gebunden waren. Das selige Glück der Borniertheit, wie es kurzfristig entlang einer ersehnten und endlich errichteten Grenze aufblühen mag, wird schließlich nicht auf ewig zufriedenstellen; und der Fanatismus der Enge, der sich in den neugebildeten Kleinstaaten aufs erste austobt, er reibt sich an dieser Enge bald ab. Wie das große Reich, das viele Völker umspannt, für sich noch keine

Utopie ist, der es zuzustreben gilt, so bedeutet der kleine Staat, der Zerfall des Reiches in kleine Einheiten noch keine Verdammnis, die es panisch zu fliehen heißt. Die Parteiführer der einstigen Volksrepublik Bulgarien haben sich nach 1945 mehrfach bemüht, daß ihr Land, das tausendjährige Bulgarien, in den Staatsverband der Sowjetunion aufgenommen werde und so in der Heimat aller Werktätigen aufgehen könne. Daß das Reich der unzähligen Sowjetvölker nicht um dieses eine mitsamt seinen Minderheiten vergrößert wurde, ist kein so großer Schaden für die Menschen gewesen. Umgekehrt hätte es keine Katastrophe bedeuten müssen, daß sich die Völker Jugoslawiens, nachdem sie es 75 Jahre in einem gemeinsamen Staat versucht hatten, wieder voneinander trennen – trennen, was die gemeinsame Staatlichkeit, nicht was den wirtschaftlichen Austausch, den kulturellen Verkehr, die familiäre Grenzüberschreitung betrifft.

Das Fatale ist, daß die Reiche, die mehrhundertjährigen Bestand hatten, dem Balkan von den imposantesten Weltmächten ihrer Zeit grausam aufgepfropft wurden, indes die Versuche, aus Eigenem zu einer übernationalen Ordnung zu gelangen, stets vereitelt wurden. So bleibt als historische Erfahrung außer dem Scheitern jene Furcht, daß unter fremder Herrschaft, umgeben von feindlichen Mächten, panisch darauf geachtet werden muß, daß die eigene Ethnie nicht untergehe. Diese geschichtlich gewachsene und keineswegs unbegründete Furcht eskaliert heute zur Paranoia, die zum fortwährenden Präventivkrieg ums eigene Überleben aufruft.

Daß die verachtungsvollen Bezeichnungen, die sich die Herrenmenschen aus den reichen Ländern einfallen ließen, um die von ihnen als minderwertig eingeschätzten und behandelten Arbeitssklaven des Südens zu benennen, später von diesen aufgegriffen und auf sich selber angewandt wurden, ist ein Phänomen, das aus den ehemaligen Kolonien bekannt ist. Es signalisiert den Grad der kulturellen Verwüstung, den der Kolonialismus hinterlassen hat, insofern seine Maßstäbe in den Köpfen und Herzen jener Menschen fortleben, die sich äußerlich von ihm zu befreien wußten. Die Verachtung ist mit den Herren von gestern nicht verschwunden, sie ist außer einigen Villen, die rasch von der neuen Nomenklatura in Besitz genommen zu werden pflegen, vielleicht das einzige, was diese zurückgelassen haben.

Der Balkan ist freilich keine Kolonie gewesen, auch wenn er in seiner Geschichte immer ein Schlachtfeld war, auf dem die Herren Europas und der Welt ihre Konflikte, Religionskriege und strategischen Gegensätze austrugen. Aber wie in den Kolonien haben viele Bewohner des Balkans die Verächtlichkeit übernommen, mit der von ihm in der Welt gesprochen wird. In dem Roman »Cloaca Maxima« des jungen Belgrader Autors Vladimir Arsenijević ist viel von Dreck die Rede; doch wenn der zornige Serbe deutlich machen will, daß es sich um besonders dreckigen Dreck handelt, dann läßt er sich dafür die Wendung vom »balkanischen Dreck« einfallen. In den Essays der Zagreber Intellektuellen Dubravka Ugrešić, die dem kroatischen Nationalismus mindestens so kritisch gegenübersteht wie Arsenijević dem serbischen, findet dafür der »Macho« seine Steigerung, indem er zum »Balkan-Macho« wird, der wiederum schon mit einem Vergewaltiger und Totschläger identisch ist. Und im Sprachgebrauch des in Ljubljana lebenden Drago Jančar, eines über jede slowenische Großmannssucht wahrlich erhabenen Schriftstellers, sind die entsprechenden Beifügungen, ob es sich um die »Balkan-Kneipe« oder was anderes handelt, stets als Kennzeichnung gesetzt, daß es sich um eine Sache von herausragend mieser Qualität dreht. In den Büchern albanischer Autoren schließlich findet sich ohnehin stereotyp die Klage, daß es das stolze Volk der Albaner, dessen Herkunft und Sprache ja nicht slawisch sind, ohne eigenes Verschulden in das Völkermeer des Balkans verschlagen hat – in die gefährliche Nähe balkanischer Despoten und ihrer blutrünstigen Untertanen. Der Balkan ist als Schimpfwort also auf diesen zurückgekehrt, und unter den Balkanvölkern ist ein heftiger Wettkampf entbrannt, welches von ihnen noch zum Balkan zählt, also verloren ist, und welches dem Dreck, der Korruption, dem Haß des Balkans zu entrinnen vermochte und sich schon nach Europa, also zur Zivilisation rechnen darf. So beschimpfen sie einander und sich selbst, daß sie vom Balkan stammen und im Morast des Balkans stecken. Für den, der folgsam ist, winkt am Ende aber doch der Freispruch vor dem Gerichtshof der europäischen Kultur. Am Tag, da Slowenien nach langen Verhandlungen sein offizielles Gesuch um Beitritt zur Europäischen Union abgeben durfte, verkündete die Presse im benachbarten Italien: »Slowenien hat sich vom Balkan verabschiedet. Ab sofort dürfen auch Italiener Grund und Boden in Slowenien erwerben.«

ČOWNYKI, ukrainisch

Die Čownyki sind keine Seemänner, wiewohl die Ukraine eine Seemacht ist und die alte sowjetische Schwarzmeerflotte im ukrainischen Odessa verrottet. Čowen meint einen Kahn, ein kleines Boot ohne schiffsbautechnische Raffinessen, ein seetaugliches Gefährt, das man in Österreich vielleicht ein Schinakel nennen würde. Die Čownyki wiederum waren ursprünglich jene, die ein solches Boot besitzen oder es steuern können, indes sich heute die vielen kleinen Leute, die nicht untergehen wollen, im rauhen Meer des osteuropäischen Kapitalismus als Čownyki bewähren müssen. Alle Tage machen sich Zehntausende von ihnen in der Ukraine auf den Weg, um westwärts die Grenzen nach Polen und der Slowakei zu überschreiten und dort auf Einkaufsfahrt zu gehen. Was sie bei Großhändlern besorgen, Blue Jeans und Transistorradios, Uhren und Computerspiele, Lebensmittel und Apothekerware, wird von diesen lebenden Booten zurück in die Heimat gebracht, wo es auf Märkten und im Straßenhandel angeboten und mit geringer Gewinnspanne verkauft wird. Was übrigbleibt, wird wieder in Reisetaschen gepackt und nordwärts nach Belorus, Weißrußland, oder südwärts nach Moldawien transportiert. Das Leben als solcher ambulanter Kleinhändler, dessen Revier sechs, sieben europäische Staaten umfaßt, ist nicht leicht; es braucht eine hohe Leidensfähigkeit, Ausdauer und Phantasie, in diesem Metier zu reüssieren, und mancher Tiefbauingenieur, Lateinlehrer oder Museumsbeamte, der sich so als Kapitalist etablieren wollte, ist schon tragisch gescheitert, von konkurrierenden Händlern härteren Zuschnitts buchstäblich aus dem Feld geschlagen worden. Der echte, der durchsetzungsstarke Čownyki aber hält sich über Wasser, ein Kleinunternehmer, der Dinge verkauft, die im Westen für unverkäuflich, und Dinge besorgt, die im Osten für unerreichbar gelten müßten. Ganz Osteuropa wird weniger von den internationalen Handelsketten, die in den Metropolen längst ihre Filialen errichtet haben, als von diesen Scharen wandernder Händler versorgt, die mit abenteuerlich verrosteten Autos auf holprigen Straßen und zähem Stehvermögen vor niedergelassenen Grenzbalken so etwas wie einen gemeinsamen osteuropäischen Markt verwirklichen. Der Warenverkehr nimmt dabei seinen Weg über mehrere → Grenzen und entlang bestimmter Routen, die sich manches Mal überraschend mit alten, längst vergessenen Handelswegen decken, von denen einer der wichtigsten vom ukrainischen Czernowitz durch Rumänien bis nach Istanbul führt und Waren aus drei Weltregionen, aus Europa, Asien und Arabien, verfrachtet.

Als »Campingbett-Kapitalismus« ist dieses Stadium wirtschaftlicher Entwicklung bezeichnet worden, weil als Verkaufsstand häufig ein Campingbett dient, auf dem die Reichtümer, die an den Mann gebracht werden wollen, ausgebreitet liegen; aber auch das Wort vom »Kiosk-Kapitalismus« ist treffend, denn der wandernde, nach glücklichem Verkauf der Waren auf seinem Verkaufsstand rastende Händler strebt eine feste Geschäftsstelle an, seinen Kiosk, von denen es zwischen Polen und Moldawien mittlerweile Hunderttausende gibt. In Warschau haben sich etwa fünftausend dieser Kleinhändler organisiert und ein großes Sportstadion gemietet, um das herum sie ihre Kioskzeilen errichteten, wobei im scheinbaren Chaos strenge Ordnung herrscht und es zwischen dem Vietnamesenviertel samt dazugehöriger Gassengastronomie und dem belorussischen Quartier oder dem polnischen Block auch ohne grundbücherliche Eintragung keine Revierstreitigkeiten gibt.

Was hier gekauft wird, gelangt langsam immer weiter nach Osten und bringt dem nächsten Zwischenhändler immer weniger als dem vorangegangenen, so daß sich von der Ukraine aus die Polen als Kapitalisten westlichen Zuschnitts, von Kasachstan aus aber wieder die Ukrainer als wirtschaftliche Erfolgsmacht ausnehmen. Dieser Kleinhandel gigantischen Ausmaßes folgt einerseits den einfachsten Elementargesetzen des Tausches, zeitigt andererseits durchaus mirakulöse Folgen. Die Warenzirkulation führt nämlich nicht selten wieder an den Ausgangspunkt zurück, wo dieselbe Ware dann billiger verkauft wird, als sie erstanden wurde, und doch auf ihrem langen Wege des Wertverlusts mehrfachen Händlergewinn abgeworfen hat. So sind auf dem Wiener Mexikoplatz, wie die Berliner Polenmärkte eine wichtige westliche Außenstelle dieses osteuropäischen Kreisverkehrs, Schlachtermesser und Scheinwerfer aufgetaucht, die einst hier verkauft wurden und nun, nach einer Reise durch sieben Länder, als östliche Handelsprodukte billiger angeboten werden können, als sie einst gekauft wurden. Der Verlust, der zwischen dem ersten Erstehungspreis und dem letzten Verkaufspreis liegt, stellt eine der erstaunlichsten Gewinnspannen der europäischen Ökonomie dar.

DISSIDENT

Manche Worte sind nur kurze Zeit populär, ehe sie für lange in der Asservatenkammer der Geschichte verschwinden. Ein solches Wort, das in meiner Jugend ein jeder im Munde führte und das heute im Depot abgelebter Revolten verstaubt, ist das »Establishment«, das uns einst die Gesamtheit gekaufter Existenzen bezeichnete, die sich als nützliche, angepaßte, kritiklose Staatsbürger um das politische System Meriten erworben hatten und von diesem dafür mit Moneten ausgestattet wurden. Kurz: das Establishment repräsentierte alles, was einem jungen Menschen, der höheren Idealen als einer Eigentumswohnung zustrebte, verächtlich schien. Häufig wie vom Establishment, das die wohlversorgte Elite des Westens bildete, war auch von den Dissidenten die Rede, die die verfolgte Gegenelite des Ostens darstellten. Wiewohl sie wirkungsmächtig in die neuere europäische Geschichte eingegriffen haben und ketzerisch die Staatsreligion des realen Sozialismus bloßzustellen wußten, sind die Dissidenten, dieser mutige Trupp der gesellschaftlichen Selbstverteidigung, heute fast vergessen. Zum erstenmal ist von ihnen im Warschauer Frieden von 1573 die Rede, wo sie die Pax dissidentium als Gruppe von Christen faßt, die ihren Gott außerhalb der katholischen Kirche suchen und preisen mag. Später, auf dem Umweg über England, wurden die

»Dissenters« zur Gemeinschaft jener, die außerhalb der Gemeinschaft stehen möchten und sich der durchaus intakten Familie der Einzelkämpfer und Nonkonformisten zugehörig fühlen.

Die jüngere Geschichte der Dissidenten siedelt im Osten und hat eine heroische, eine realpolitische und eine melancholische Phase, denen als Tugenden des Dissidenten die Unbeugsamkeit, der Sachverstand und der Griesgram entsprechen. Die Unbeugsamkeit war eine existentielle; so wenig es nämlich bedurfte, daß einer unversehens wider die Zwangsordnung verstieß, die das Leben in den realsozialistisch verfaßten Staaten des Ostblocks reglementierte, so viel Mut und Stolz brauchte es, daß er sich nicht, aufgeschreckt vom Zusammenprall mit der Macht, rasch wieder in die unverdächtigen Reihen zurückzog. Schließlich war es, sagen wir: für einen tschechischen Historiker kein Leichtes, auf einer von der Partei kritisierten wissenschaftlichen Auffassung zu beharren und dafür, anstatt seine Vormittage im Hörsaal und die Nachmittage im Archiv zu verbringen, künftig tagsüber als Fensterputzer unterwegs zu sein, seine Kinder von der Universität abgewiesen zu sehen und fortwährend die kleinen Schikanen zu gewärtigen, die das Regime für ihn und seinesgleichen parat hielt.

Mochte es also geradezu absichtslos geschehen, daß einer zum Dissidenten wurde, so mußte er doch, um einer zu bleiben, tagtäglich allerlei Versuchungen widerstehen, die ihm und den Seinen das Leben ein wenig angenehmer gemacht hätten. Kaum jemand hat sich in freier Berufswahl für die Existenz als Dissident entschieden; die meisten, die sich eines Tages in ihr fanden, kamen aus den akademischen Institutionen, wo sie irgendwann ihre Forschungen nicht mehr mit den vorgefertigten Ergebnissen zu harmonisieren vermochten, oder waren Funktionäre gewesen und in ihrem reformerischen Trachten an den zähen Traditionen ihrer Partei verzweifelt. Den Aussteigern des akademischen Betriebs, den geschaßten Funktionären gesellten sich vornehmlich Künstler, denen die Leine, an der sie geführt wurden und deren Länge von den Parteitagen jeweils neu bemessen wurde, in jedem Falle zu kurz schien. Insgesamt mochten es niemals viele gewesen sein, für die der Status des Dissidenten zutreffend war, nicht zu unrecht aber fühlten sie alle, diese vereinzelten und in die Isolation gedrängten Dissidenten sich als Repräsentanten der ganzen Gesellschaft, deren Interessen der Staat krude negierte. Wo sich der Staat in den Besitz der Gesellschaft gebracht hatte, dort existierte die Gesellschaft ausgerechnet in den wenigen, die der Staat auszustoßen pflegte.

Für die Gesellschaft gerade zu wirken, indem ihnen die Wirksamkeit innerhalb des staatlich verschnittenen Lebens verschlossen blieb – dieses Pathos hat die oft tragischen Lebensläufe der Dissidenten überstrahlt und sie ihren beschwerlichen

Lebensweg in der Gewißheit gehen lassen, keine Niederlage fürchten zu müssen. Was die Dissidenten einte, war außer der unbeugsamen Feindschaft zum Regime und ihrer prekären persönlichen Situation gewiß nicht viel. Was sie im einzelnen verfochten, war gegen das Hier und Heute gerichtet, zumal sich für Ideen, die über solch notwendige Selbstverteidigung hinauszielten, keine Aussicht bot, in absehbarer Zukunft, in der Lebenszeit des einzelnen nämlich, der Probe auf die Wirklichkeit ausgesetzt zu werden. Immerhin, der Gedanke, daß zwischen dem Staat und der Gesellschaft ein Widerspruch klafft, ja daß die Gesellschaft sich in der rigorosen Kritik an der Staatsmacht ihrer Interessen inne werden kann, hätte auch im Westen, nicht nur im Osten zünden können. Doch die Wiederentdeckung dieser alten europäischen Ketzerlehre, welche die Macht und die Menschen nicht versöhnen möchte, blieb ein merkwürdig isoliertes Phänomen. Die Dissidenten selber griffen die Ketzerlehre nur auf, um sie gegen die Verhältnisse im Osten zu wenden und sie, als diese sich änderten, rasch zu vergessen. Im Westen wiederum mochten die Dissidenten zwar in hohem Ansehen stehen, ja, ohne ihr eigenes Zutun im medialen Krieg der Systeme ihre Rolle spielen, doch daß von den Revoltierenden des Ostens auch die Unzufriedenen des Westens etwas lernen könnten, auf diese Idee ist auf dem Kontinent in Schieflage kaum jemand gekommen.

Nach den heroischen Jahren der Unbeugsamkeit brachen auf die Dissidenten aber unvordenklich doch die kurzen Monate herein, in denen sie die Probe auf die Wirklichkeit machen konnten und es ihnen galt, nicht nur die verkommene Macht zu analysieren, zu verwerfen, zu zersetzen, sondern in deren Sturz womöglich eine neue zu errichten. Geübt die Macht zu verhöhnen, erwiesen sich manche Dissidenten erschreckend talentiert, sich mit der Macht zu versöhnen – nicht mit der konkreten, der korrumpierten von gestern versteht sich, sondern gewissermaßen mit dem Prinzip der Macht, mit der guten, der segensreichen, der vermeintlich menschengemäßen Macht, die heute im Feuer leidenschaftlichen Aufruhrs geschmiedet wird und doch morgen schon erkaltend gehärtet ist. Das hat manch kundige Saboteure der alten Ordnung verführt, sich als Baumeister der neuen zu fühlen. So gaben sie auf der nationalen Bühne ihren Auftritt, indem sie die Vernunft der Kritik, die sie bisher verkörpert hatten, zum Sachverstand degradierten, mit dem sie erfolgreich Realpolitik zu treiben versprachen. Ausgerechnet sie, die aller Welt die Lektion erteilt hatten, daß die Realpolitik etwas Surreales und es das vermeintlich Unrealistische, ja Weltfremde ist, das die Not wenden kann, fanden sich erstaunlich schnell darein, daß eben selbst die Freiheit ihre Zwänge hat und auch die Demokratie ihre Entfremdung produziert. Aus Kritikern des Militarismus wurden Oberbefehlshaber von Armeen, die, wie etwa der als Dissident legendäre, als Parteipolitiker berüchtigte Janez Jansa, in aller Welt unterwegs sind, um die Aufrüstung ihrer Armee, in diesem Falle der slowenischen, mit der allerneuesten Waffentechnologie voranzutreiben. Und manches Opfer staatlicher Observation macht als Bürokrat Karriere, das den moralischen Zustand der Gesellschaft mit Kartotheken erfassen und bessern möchten ...

Mag sein, daß Heer und Verfassungsschutz, die sich selbstredend als Armee freier Völker und Geheimdienst demokratischer Staaten begreifen, notwendig sind, mag sein, daß das alles realpolitische Notwendigkeit ist, aber was für ein Verschleiß, den die Geschichte treibt, wenn sie für das Realpolitische so kühne Geister braucht und zähmt! Was für eine Vergeudung, wenn die Unbeugsamen sich unter das Joch des Allerweltspolitischen beugen und der Gesellschaft den Überschuß ihrer Revolte entziehen! Das alles leisten zu können, hätte einer sich nicht jahrzehntelang als Dissident schikanieren lassen müssen, das alles bringt der Wendehals, der im realen Sozialismus gelernt hat, was er braucht, um auch im realen Kapitalismus als nützlicher Handlanger gefragt zu sein, mindestens ebenso gut zuwege. Nicht wie viele Schriftsteller in einem Parlament sitzen, ist von Belang, sondern was sie dort tun, nicht wie viele Dissidenten von gestern Minister von heute sind, sollte interessieren, sondern worin sie sich von den Ministern und Staatssekretären unterscheiden, die eine andere Biographie auf ihre Posten gebracht hat. Im ungarischen Parlament hat jede Fraktion ihre Dissidenten aufzubieten; einmal abgesehen vom Präsidenten Arpad Göncz, der mutig zu verhindern trachtet, daß die gesellschaftlichen Einrichtungen – wie der Rundfunk – gleich wieder in Besitz genommen werden, und zwar von der Nomenklatura aus neuen Reichen und alten Routiniers der Machtverwaltung, tun sich diese Dissidenten nur wenig durch dissidente Entscheidungen hervor. Daß sie unabhängige Köpfe wären, gewohnt, vom Vorgegebenen abzuweichen und ihre eigene Sicht auf die Dinge zu verfechten, ist selten zu bemerken. Miklós Haraszti, der den Staatssozialismus so brillant zu analysieren wußte, kämpft als Liberaler wenig originelle Gefechte für ein urbanes Ungarn aus, das sich als Teil Westeuropas diesem bruchlos integriere, indes sein Schriftstellerkollege István Csurka als Lautsprecher der Nationalisten sich am gärenden Gebräu des mythischen Ungarntums so zu besaufen pflegt, daß er in den rhetorischen Rauschanfällen seines frei galoppierenden Antisemitismus regelmäßig vom vaterländischen Pferd stürzt, stolzer Abkömmling des magyarischen Reitervolkes. Wo immer die Dissidenten in die Politikerkaste gewechselt haben, tun sie sich dort ungebührlich selten durch ihre alten Tugenden hervor, in der Regel sind sie kaum mehr zu identifizieren und gleichen, ebenso dumm und ebenso gescheit wie diese, ihren Parteigenossen aufs Haar. So ist das eben, wenn einkehrt, wofür sich mittlerweile der psychiatrische Begriff der »Normalisierung« eingebürgert hat, mag man das nun bedauern oder nicht.

Daß es zu bedauern ist, sagen zumindest jene Dissidenten, die sich weder zur Realpolitik bekehren noch mit dem Ehrentitel eines Dissidenten h. c. in den immerwährenden oder befristeten Dissidentenruhestand schicken lassen wollten. Die Observierung durch den Geheimdienst, der sie früher auf Schritt und Tritt verfolgte, erscheint manchen von ihnen heute schon in milderem Licht, denn auch die Observation ist natürlich eine Form der Wahrnehmung, und so gänzlich bedeutungslos, wie sie sich jetzt fühlen müssen, brauchten sie sich einst nicht vorkommen, da der Staatsapparat immerhin seine Bluthunde ihrer Fährte hinterherhetzte. Dem Intellektuellen, der sich heute als Repräsentant keiner unterdrückten Klasse, nicht der aufgesplitterten Gesellschaft und schon gar nicht der mißbrauchten Wahrheit halten darf, mag die Erinnerung an eine Zeit, da alles, was er schrieb, wichtig genug war, daß es begutachtet, zensuriert oder verboten wurde, sogar wehmütig ankommen. Die Wehmut lügt natürlich, denn es ist nicht jene Diktatur mediokrer Funktionäre und pflichteifriger Staatsschützer, die des Trauerns um sie würdig wäre; es ist vielmehr der Überschuß an revoltierender Kraft, der nicht eingeholt wurde, die Widersetzlichkeit vor den Gewaltigen aus Partei und Bürokratie, die vor den wesentlich komplexeren Erscheinungen der Herrschaft heute erloschen ist, um die es den Dissidenten, und nicht nur ihnen, gram sein kann. So leicht man in der Diktatur der einen kommunistischen Partei unversehens zum Dissidenten werden konnte, so schwer ist es, in der Diktatur des einen ökonomischen Prinzips eine sinnvolle Opposition zu entfalten. Und hatte es einst, da die Partei sich in den Besitz des Staates gesetzt hatte, noch eine Gesellschaft gegeben, die zu repräsentieren die Dissidenten berufen waren, ist die Gesellschaft dank dem real existierenden Ökonomismus heute so rettungslos zerrissen und entfremdet, daß kein Individuum und keine Gruppe sie zu repräsentieren vermag. So blicken die Dissidenten auf die Jahre der Unbeugsamkeit und die Monate der Realpolitik zurück, und in ihrem Sieg ist auch ihre Niederlage geborgen. Das ist ihre Zeit der Melancholie, die nach und nach zum Griesgram trivialisiert.

Das Denkmal des unbekannten Dissidenten zeigt einen Mann mit dünner Lippe. Vergeßlich, wer vor ihm sagte, daß alles umsonst war; niederträchtig, wer glaubte, daß es schon genug wäre.

EURO-

Als in Wien noch die gute alte Zeit herrschte, aber sie herrschte ja gar nicht, weil sie eben eine gute war, sie führte vielmehr lächelnd ihr mildes Regiment, und der Charme war die einzige Brutalität, zu der sie sich verstieg, und die Gemütlichkeit ihr gröbstes Verbrechen; in jener guten alten Zeit, da alle Tage Sonntagsspaziergang und immer Operette war und einzig für die Ziegelarbeiter von Wienerberg der Himmel nicht voller Backhendl hing, weil sie statt Lohnes nur Blechmarken erhielten, die der Welt eben nur Blech galten, und sie daher ihr Leben auf dem Betriebsgelände zubringen mußten, dem einzigen Ort, wo sie ihr schuftend verdientes Blech gegen Nahrung aus der betriebseigenen Küche eintauschen konnten; in der guten alten Zeit also, da Wien noch Wien war und unverdrossen der gute Kaiser vor seinen Akten saß, da gab es eine Vielzahl von Dingen, die prächtig waren, und wenn sie noch prächtiger gerieten, dann mochte ihnen nur mehr die allerhöchste sprachliche Reverenz gerecht werden: Ja, ein Kaiserwetter war es, wenn sich kein Wölkchen sehen ließ, ein Kaiserfleisch, da es doch gar so gut mundete, ein Kaiserwein, der so herrlich berauschte, und selbst wenn nur der Schmarrn, das Restl überblieb, mußte in der Kaiserstadt noch eine Delikatesse wie der Kaiserschmarrn daraus werden. Am sinnigsten wurde die gute alte Zeit aber von der

Kaiserloge symbolisiert, denn jedes Theater in der unendlich weiten Monarchie mit all ihren entlegenen Provinzen, staubigen Städtchen und berühmten, großen, kleinen, unbekannten und ganz kleinen, ganz unbekannten Theatern hielt für alle Vorstellungen stets die Kaiserloge reserviert; eine Loge, die für den Besuch des Kaisers freigehalten wurde, der niemals kam, aber immer kommen konnte. Nichts faßt die Monarchie mit dem Glanz ihrer Metropole und den entzundenen Rändern, mit ihrer märchenhaften Ausdehnung und ihrem bürokratischen Herz besser als die Kaiserloge, die immerzu leer blieb, und in der der oberste Herr, indem er fernblieb, doch immerzu anwesend war: ein leerer Platz als Symbol des Zusammenhalts, die Abwesenheit als Beweis steter Gegenwart.

Da das Kaiserwetter ein meteorologisches Phänomen ist, das definitionsgemäß nur in monarchischen Zeiten auftreten kann, wie auch das Kaiserfleisch, der Kaiserwein ihre gewissermaßen autokratische Beschränkung haben, waren die Dinge, deren Namen durch die Kennzeichnung des Kaiserlichen aus der Masse der gewöhnlichen Dinge und alltäglichen Erscheinungen herausgehoben wurden, natürlich limitiert. Das Kaiserliche sollte ja eben garantieren, daß es sich bei ihnen nicht um das Gemeine handelt, das uns in beliebiger Serienfertigung entgegentritt. So können die alten Kaiserwörter heute nur ein demokratisch vergröbertes, ja parodiertes Fortleben fristen, indes unsere Sprache andere Zusammensetzungen favorisiert. Das vorangesetzte Bestimmungswort Euro-, dem alles Erdenkliche folgen kann, finden wir denn in ungezählten Verbindungen, die allesamt verraten, daß sich die Zeiten glücklich ins Demokratische gewandelt haben. Denn Euro taugt grundsätzlich zur pluralistischen sprachlichen Anwendung. Undenkbar, es hätte schon das Kaiserliche immer auch sein Gegenteil zugelassen und sprachlich dem Kaiserwein beispielsweise einen Kaiserfusel gegenübergestellt oder, wenn das Kaiserwetter gar zu lange auf sich warten ließ, abfällig ein Schlechtwetter ins Treffen geführt, das so schlecht gewesen wäre, daß man es nur mehr als kaiserliches hätte bezeichnen können. Nein, was Euro vermag, verbat sich beim Kaiser von selbst, und darum können wir uns ein Gegensatzpaar wie Eurolust und Eurofrust monarchisch verfaßt gar nicht vorstellen.

Mit Eurolust und Eurofrust ist es indes so eine Sache, denn wie Europa wächst, wachsen auch die Lust und der Frust daran, und so bezeichnen sie bald alle paar Tage etwas Neues. Als die Eurolust noch jung war, da stand sie für eine freudige Erwartung, die mit Europa in seiner lockenden Variante der Europäischen Union verbunden wurde, für die freudige Erwartung, diesem wirtschaftlich mächtigen Gebilde bald zuzugehören. Eurolust haben die Meinungsforscher etwa den Österreichern attestiert, so lange die meisten von diesen noch überzeugt waren, daß ihnen die Europäische Union mehr Waren billiger in den Supermarkt vor das Haus bringen werde; der Eurofrust aber kam sie an, sobald abzusehen war, daß auch mit mehr und billigeren Waren das Glück des Konsums ein fragiles ist, wenn man sich dieses nicht mehr leisten kann.

Sprachlich ist auf die freudige Erwartung aber nicht die frustrierte Enttäuschung, sondern die geschlechtliche Erregung mitsamt ihrer Abschlaffung gefolgt. Werden uns heute Studien über die Eurolust angekündigt, ist nämlich meistens eine statistische Erhebung über das sexuelle Verhalten der Europäer gemeint, und der Eurofrust, der dann diagnostiziert wird, zeigt uns an, daß es mit diesem Verhalten nicht immer zum leidenschaftlichsten steht. Das mag damit zusammenhängen, daß es mit Eurofrische und Eurofitness oft nicht weit her ist. Von dem Haarshampoo, das sich in Österreich dank seinem Versprechen von Eurofrische nur an Glatzköpfige mit erheblich eingeschränktem Sehvermögen verkaufen ließ, mögen sich in anderen Ländern, wo die Eurolust noch oder bereits wieder flammt, die Käufer durchaus das Ihrige erwarten. Die Eurofitness wiederum als notwendige Befindlichkeit haben anfänglich nur ein paar dubiose Massagesalons und Fitnesscenter angepriesen. Aus der lebenspraktischen Sphäre, in der sie ein jeder selber gelenkig einüben kann, ist die Eurofitness bald in den bürokratischen Bereich übergewechselt, wo sie streng von anderen überprüft wird: Volkswirtschaften, denen sie mangelt, wird die radikale Kur verordnet, an deren glücklichem Ende sich ein Staat als eurofit erwiesen haben könnte, dessen Bevölkerung sich zu einem bestimmten Prozentsatz aus der Arbeitslosigkeit nicht mehr zu erheben vermag; ein Euro-Trend, für den das Wort vom Euro-Pech paßt, auf das enttäuschte Sportreporter verfielen, als bei den Olympischen Spielen von Los Angeles den Europäern allzu viele Medaillen von den vereinigten asiatisch-afrikanisch-amerikanischen Läufern, Springern, Werfern und Hebern vor der Nase weggeschnappt wurden.

Fern die Zeit, da der Kaiser das Theater nicht zu besuchen brauchte, um sichtbar anwesend zu sein – heute dagegen wissen wir, unausgesetzt Anwesende, wohin es uns auch verschlägt, nirgendwo mehr eine Spur von uns zu hinterlassen. In jedem Bahnhof des weitausgedehnten Reiches der Europäischen Union mit seinen unzähligen Provinzen, glänzenden Metropolen und staubigen Städtchen findet sich ein mit Leuchtschrift markiertes Gebäude, das manchenorts wie ein großer Operationssaal blitzt und sich so in seiner Umgebung denkbar unpassend ausnimmt, anderswo wieder von dieser verschluckt und rasch dem Ensemble der Abgenutztheit rundum eingegliedert wird. Keiner weiß zu sagen, was das Geheimnis dieses Ortes ist, der sich überall findet und in dem wir uns in einer eigentümlichen Ortlosigkeit sogleich abhanden kommen. Nichts, was wir dort tun, haftet in unserem Gedächtnis, nichts, was wir dort taten, haftet im Gedächtnis dieses Orts. Vielleicht ist es das, was wir suchen, daß wir sicher sind, dort nichts zu finden außer dem Imbiß, den wir rasch und beschämt verzehren, denn vielleicht hat der Eurosnack kein anderes Geheimnis als dieses, daß er ein Unort ist, beliebig reproduzierbar, der kein Verweilen zuläßt und uns keine Geschichte gewährt.

FREMDE

Im Deutschen ist zwischen den Fremden, wenn sie im unbestimmten grammatischen Plural auftreten, und der Fremde, in die es einen ziehen oder auch verschlagen mag, kein Unterschied. Daß der Fremde nur in der Fremde fremd sei, aus solchem Gleichklang wußte Karl Valentin seinen Sprachwitz zu schlagen, doch der österreichische Dichter Theodor Kramer, der sich 1939 ums Leben in das karge englische Exil gerettet hatte und erst zum Sterben 1957 nach Österreich zurückkehrte, setzte ihm bitter entgegen: »Erst in der Heimat bin ich wirklich fremd«. Daß die Fremde und der Fremde sprachlich nicht auseinanderzuhalten sind, ist eine Spezialität des Deutschen, in der es ihr nur wenige andere Sprachen gleichtun, kann doch, um in der germanischen Sprachfamilie zu bleiben, selbst im Schwedischen mit dem »främling« und dem »frammande land« oder im Niederländischen mit dem »vreemdling« und der »vreemde« leichter erkannt werden, welches Fremde gemeint ist. Wer im Deutschen denkt und lebt, wird sich folglich in der Welt oft fremd fühlen dürfen, weil er in seiner Sprache überall auf diese oder jene Fremde stößt, und wenn ihn etwas fremder noch als fremd anmutet, nennt er es »wildfremd«, ein Wort, das nicht eben leicht zu übersetzen ist und das zu wissen scheint, daß nicht nur die Fremde eine wilde ist, sondern auch die Fremden Wilde sind.

Wer sind die Fremden? Fuhr man durchs Salzburger Land, sah man bis vor kurzem von jedem zweiten, mit beschwerlich lastenden Krediten zur alpenländischen Protzigkeit hochruinierten Haus ein Fähnchen flattern, auf dem das Wort »Fremdenzimmer« stand. Diese Fähnchen sind in den letzten Jahren aus dem Gebrauch gekommen, denn Fremdenzimmer werden ja den Urlaubern angeboten, die für ein paar Nächte in einem solchen Zimmer auch einiges zu bezahlen haben. Wer wohlhabend genug ist, sich ein Fremdenzimmer in Salzburg zu leisten, kann aber kein Fremder sein, denn der Fremde ist heute eben dadurch definiert, daß er arm ist oder der Armut verdächtig, daß er sich also nicht um sein Geld in unseren Hotels einmietet, sondern um unser Geld sein Schmarotzerleben führt.

Wie es nicht ausreicht, aus der Fremde zu kommen, um ein Fremder zu sein, so ist auch niemand davor beschützt, selbst dort in den Status des Fremden zu stürzen, wo er geboren und aufgewachsen ist. Als 1995 vier Roma (→ Volk, fahrendes) aus Oberwart, deren Familien schon seit Generationen in Österreich seßhaft waren, einem Bombenattentat zum Opfer fielen, hat mir ein wohlmeinender Österreicher sein Entsetzen über diese Tat mit den rechtschaffenen Worten mitgeteilt, daß man in einem Kulturstaat doch so nicht mit Ausländern umgehen dürfe. Daß er die Roma in ihrem eigenen Inland als Ausländer empfand, hängt gewiß auch mit der Irrmeinung zusammen, daß die Roma Fahrende seien, die am liebsten ihrem Nomadentrieb folgen; mehr noch aber damit, daß die Roma für Bettler und Sozialhilfeempfänger, also für arm oder, wo sie es doch zu einigem Wohlstand gebracht haben, für kriminell gelten, die folglich uns, die wir weder arm noch kriminell sein wollen, gänzlich fremd sind und Fremde bleiben, wie lange sie auch am Rande unserer Städte oder unter uns siedeln mögen.

Natürlich spielen bei der Identifizierung eines Menschen als Fremden auch heute noch Dinge wie Aussehen, Hautfarbe, Kleidung, Verhalten eine Rolle, doch fügen sich alle diese Merkmale nicht mehr unmittelbar zum Bild des Fremden, sondern nur, insofern sie als deren Attribute häufig die Armut begleiten, welche die Fremdheit erst ausmacht. Vor einiger Zeit wurde dem in aller Welt berühmten schwarzen Sänger Harry Belafonte nach einem umjubelten Konzert der Zutritt zu einer Linzer Diskothek verweigert. Im darob rasch aufflammenden Skandal hat sich der zerknirschte Besitzer der Diskothek gegen den ihn kränkenden Verdacht, ein Rassist zu sein, mit den heftigen Worten verwehrt, er habe einfach nicht erkennen können, daß es sich bei dem »Neger« um Harry Belafonte gehandelt habe. Nie und nimmer würde er, in dessen Diskothek ja stundenlang die Platten schwarzer Komponisten, Sänger, Musiker abgespielt werden, einem Menschen der Hautfarbe wegen den Zutritt in sein Lokal verweigern. Nicht weil Belafonte ein Neger, sondern weil der Neger dem wacker vorurteilsfreien Diskothekenbesitzer in der Zeitung und auf der Straße meistens als Flüchtling, als Asylsuchender, bestenfalls als finanzschwacher afrikanischer Student entgegentritt, war das Lokalverbot ausgesprochen, das in diesem Falle als ein irrtümliches ja nachträglich auch widerrufen wurde. Hat der Neger Geld, was mittlerweile auch vorkommen kann, sind ihm gegenüber keine rassistischen Vorurteile angebracht und wird er jener Menschenrechte teilhaftig, die nur dem Fremden abgesprochen werden.

Umgekehrt braucht es keine andere Hautfarbe, Sprache, Religion oder auch nur Staatsbürgerschaft mehr, daß ganze Gruppen zu Fremden im eigenen Lande werden: Der ökonomische Rassismus erklärt die Armen im Staate zu einer eigenen Nation, verstößt sie aus dem traditionellen Verband, wodurch sie zu Fremden werden, wie das der politische → Regionalismus mit seinem Bemühen, die alten Nationalstaaten zu zerschlagen, immer offenkundiger in allen Teilen Europas propagiert. Keine andere regionalistische Bewegung ist dabei so weit gegangen wie die italienische → Lega Nord mit ihrem Projekt der Republik Padanien, das ganz zu unrecht zumeist als verstiegene folkloristische Marotte belächelt wird. In ihrem programmatischen Kampf, die Armut als Rassenmerkmal des Südens zu ächten und die

Nation ausschließlich ökonomisch zu verstehen, gegebenenfalls also neu zu begründen und ihr Territorium anders zu ziehen, forcieren die Ideologen der Republik Padanien nur etwas, das sich auch anderswo in Europa abzeichnet: daß Menschen zu Fremden gemacht werden, die es nach altem Verständnis niemals waren und denen widerfährt, wovon schon die Psalmen klagen: »ich bin frembd worden meinen brüdern und unbekant meiner mutter kindern.«

Warum der Haß sich gerade gegenüber den Schwächsten austobt und in den europäischen Großstädten außer den Fremden fremder Länder vornehmlich Obdachlose, zunehmend auch Behinderte zu → Opfern spontaner Gewalttaten werden, die jäh aus sozialem Ekel hochschießen, darüber ist viel spekuliert worden. Daß der Anblick des Schwachen, Bedürftigen unser schlechtes Gewissen wecke und wir ihn also totprügeln, weil wir tiefinnerlich wissen, daß wir ihm helfen, unser Gut mit ihm teilen müßten, hat eine christlich inspirierte Gesellschaftskritik ins Feld geführt.

Aber das ist eine unzureichende Erklärung. Der Elende wird vielmehr nicht verachtet, weil er den Wohlhabenden an seine versäumten Menschenpflichten, sondern weil er ihn daran erinnert, daß er selber dieser Elende sein könnte. Im Fremden, der aller sozialen Sicherheiten entledigt ist, entdecken jene, die sich von gesellschaftlichen Traditionen und staatlichen Institutionen noch geschützt wähnen, wie brüchig dieser Schutz ist. Nicht weil der Fremde fremd ist, wird er gehaßt, sondern weil er schon ist, was viele zu werden fürchten müssen; ihm ist bereits zugestoßen, was auch über uns verhängt sein könnte, sein Anblick erschreckt, nicht weil er fremd, sondern ein Spiegel ist, in dem sich die fürchterliche Wendung abzeichnet, die das eigene Leben nehmen könnte. Darum pflegt der Fremdenhaß in sozial besser abgepolsterten Schichten weniger leicht aufzukeimen als dort, wo mit der Arbeitslosigkeit der soziale Absturz droht. Wer sich in verläßlichem Wohlstand geborgen weiß, braucht im Elenden nicht sich selbst entdecken und muß den Fremden nicht hassen, gerade weil er fürs erste davor gefeit ist, selber einer zu werden.

Die teilweise aberwitzigen Gesetze, mit denen in den letzten Jahren überall in Europa die Lage der Fremden verschlechtert wurde, ohne daß sich dadurch irgend etwas für die arbeitenden oder nicht mehr arbeitenden Landesbevölkerungen gebessert hätte, haben überall aber nicht die vom sozialen Absturz bedrohten Fremdenfeinde erlassen, sondern jene aufgeklärten Besser- und Sichergestellten, aus denen sich die Parlamente üblicherweise rekrutieren. So liegt die Vermutung nahe, daß sich die einen eines Fremdenhasses bedienen, der ihnen bei den anderen, die ihm anheimgefallen sind, sehr zupaß kommt. Nicht weniger als 46 durchwegs menschenverachtende Maßnahmen hat eine parlamentarische Kommission in Frankreich 1995 vorgeschlagen, die allesamt gegen Verhältnisse gerichtet sind, die es gar nicht gibt, was nicht heißt, daß es jene Fremden, die von ihnen betroffen sind und getroffen werden, nicht gäbe. In Frankreich mit seinen 57 Millionen Einwohnern nämlich leben nicht mehr als 3,6 Millionen Ausländer, von denen zudem über ein Drittel aus Ländern der Europäischen Union stammen, also als Mitbürger des sich abzeichnenden gemeinsamen Staatswesens gelten müssen. Von Überfremdung, →Umvolkung, Invasion der Habenichtse und derlei mehr kann also gar nicht die Rede sein. Dennoch werden Gesetze schäumend gefordert, penibel ausgedacht, mit bebendem Pathos begründet, parlamentarisch abgesegnet und dann gnadenlos exekutiert, die auf eine solche Inbesitznahme Frankreichs durch die vereinigten Hungerleider Afrikas und Schieber Osteuropas zu reagieren behaupten.

Jeder Mensch, der auch nur in die Anfangsgründe des Ökonomischen eingeblickt hat, weiß, daß weder die wirtschaftliche Krise, in der es zudem in bestimmten Branchen krisenhaft heftig boomt, noch die prekäre Lage des Sozialstaats durch die vier Prozent Fremder verursacht ist. Gleichwohl müssen die Fremden jenen Sündenbock abgeben, der die mißliche Situation, in der die Dynamik der Marktwirtschaft einen Teil der → Nation gebracht hat, faßlich erklärt. Ähnlich wie in Frankreich ist es in der

Europäischen Union als Ganzer, doch anders als in Frankreich, wo Hunderttausende Inländer aufbegehren, wenn der Staat den Ausländern die Menschenrechte aberkennt, dankt in manch anderem Land die Gesellschaft in jenen Atavismus ab, der im Fremden den Parasiten sieht, der den eigenen Volkskörper schwächt. Rund 370 Millionen Menschen rechnen zum privilegierten Rang von Bürgern der Europäischen Union, nicht zehn, nicht einmal fünf Prozent Ausländer leben in diesem mächtigen Wirtschaftsraum. Der demokratische Verfall hat sie, ungeachtet der Dauer, wie lange sie hier schon arbeiten und wohnen, wie sehr sie den Verhältnissen integriert sind und welches der Grund ihres Kommens war, insgesamt zu Fremden gemacht und so die heterogenen Gruppen von Arbeitsemigranten, Flüchtlingen und Asylwerbern zusammengefaßt. Sie alle trifft der gleiche Blick, der sie als Fremde erkennt. Wie dem Fremden aber jedes Verbrechen zuzutrauen ist, wird es bald schon zum Verbrechen, ein Fremder zu sein. Der Fremde braucht dann gar kein Verbrechen mehr zu begehen, er selber ist eines, und die Tatsache, daß er ungeschoren immer noch unter uns weilt, ist der Beweis.

GRENZE

Die Geographen sprechen von einer natürlichen Grenze, wenn Staats- oder Hoheitsgebiete von Flüssen, Berggipfeln, von tiefen Sümpfen oder undurchdringlichen Bannwäldern begrenzt werden. Doch außer der Tatsache, daß diese Flüsse nicht erst von Menschenhand umgeleitet, diese Berge nicht mühsam Stein auf Stein errichtet werden mußten, sondern schon vor den Menschen da waren, ist an ihnen nichts natürlich. Es gibt keine natürlichen Grenzen, was wiederum nicht romantisch heißen mag, daß die Grenzenlosigkeit der natürliche Zustand von Menschen, Gruppen, Staaten wäre. Alle Grenzen sind erfunden, sind, auch wenn sich ihr Verlauf an der Natur orientiert, künstlich gezogen, menschengemacht, aus Verabredung und Kampf hervorgegangen, auf Konvention und Gewalt gegründet.

Man könnte annehmen, daß gerade jene Grenzen, die für natürlich gelten, weil ein dramatisches Zeichen der Natur sie markiert, dem geschichtlich ausgeformten Leben dieses Raumes besonders oft widersprechen. Denn das Leben zielt historisch schon früh darauf ab, die Hindernisse, die die Natur dem Menschen entgegenstellt, zu überwinden, so daß sich Gemeinschaften in ihrer wirtschaftlichen Existenz und in ihrer kulturellen Entfaltung selten allein an dieser Seite eines Flusses oder nur im jenseitigen Schatten eines Berges ansiedeln, sondern, entgegen dem Gesetz der Trägheit, den Fluß überschreiten, das Gebirge überqueren, durchstechen, umrunden. Ob es sich um die Basken, Tiroler, Slowenen handelt, die großen Gebirgskämme waren ihnen nie die natürliche Grenze, über die sie sich auszudehnen scheuten, vielmehr Anreiz, am Handel und Wandel zu beiden Seiten initiativ zu werden.

So wenig es natürliche Grenzen gibt, so sinnlos ist die Mühe vergeudet, das logische Prinzip zu suchen, nach dem in Europa die Grenzen übersichtlich und konfliktfrei zu ordnen wären. Egal, welches geographische, kulturelle, religiöse, sprachliche, historische Kriterium gewählt wird, sie vorgeblich gerecht zu ziehen, immer ist die Grenze auch eine Verletzung von individuellen und kollektiven Ansprüchen, denen sie entgegensteht. Denn die Grenze ist keine Erfindung der Menschen an der Grenze, sondern eine der Zentralen. Die Macht ist im Zentrum zu Hause, und sie sucht ihre Ausdehnung gerade dort zu erweisen, wo sie am weitesten entfernt ist, an den Rändern. Die Grenzregion selber hat zumeist ganz andere Interessen als das Zentrum, ihr mag der Anwohner auf der anderen Seite von Tradition und Gewohnheit näher und in seiner Nähe auch ökonomisch praktischer sein als die ferne Metropole; und nicht selten werden zu beiden Seiten der Grenze dieselben Lieder, freilich in anderen Sprachen, gesungen, Lieder, die in beiden Zentren längst keiner mehr kennt oder die dort schon für lächerlich gelten. Ist die Grenze auch gemäß dem Willen des Zentrums entstanden, so ist doch selbst für ihre Anwohner nicht entscheidend, ob es sie gibt und wie im einzelnen ihr Verlauf ist. Eine Grenze muß keine Wunde sein, die durch das ökonomische und soziale Leben eines Gebietes schneidet und, fortschwärend, eines Tages aufbrechen wird. Nicht daß es sie gibt, prägt das Leben diesseits und jenseits, sondern was sie verhindert und was sie ermöglicht: den Verkehr von Menschen und Ideen, den Austausch von Waren und Gebräuchen, die Überschreitung als alltägliche Gewohnheit oder als außergewöhnliches Ereignis.

Als ich ein Kind war, hörten wir im Radio oft von einem Eisernen Vorhang, der uns sehr beschäftigte, und natürlich nahm ich mit meinen Gefährten die bildhafte Wendung konkret, sah einen Vorhang, der irgendwo auf freiem Felde herabgesunken war, eiserne Falten werfend, und wir fragten uns das Naheliegende und Praktische, wie so ein Vorhang auf einer Wiese angebracht werden konnte, woran er hing, ob er heruntergelassen oder, mehr ein Zaun als ein Vorhang, aufgestellt worden war... Der Eiserne Vorhang, das war die eine Grenze, von der wir wußten, eine mythische Grenze, denn wir kannten in jenen späten fünfziger Jahren keinen, der sie je überschritten hätte und erzählen konnte, wie es mit diesem Vorhang ist, der zwei Welten trennt und den ganzen Tag und die ganze Nacht, bei jedem Wetter, in einer düsteren Gegend steht, die das Niemandsland heißt, ödes, menschenleeres Land, in dem niemand zu leben wagt und nichts sich rührt. Vielleicht daß ein Hase durch das Niemandsland hoppelt, sagte uns ein Erwachsener, der Hase weiß nicht, daß es verboten ist, im Grenzland unterwegs zu sein, und wir sahen einen Hasen, der über das Feld jagte, die Grenze ist ein tödliches Niemandsland, durch das grenzenlos einsam ein Hase läuft.

Die andere Grenze war die deutsche, die ins nah gelegene Freilassing wies, und, im Sommerurlaub, die italienische mit ihrem faszinierenden Grenzort Tarvis. Nach Freilassing fuhren allwöchentlich die Hausfrauen von Salzburg, die dann mit einer Tasche voll Lebensmitteln heimkehrten, die es nur in Deutschland gab oder die in Deutschland ein wenig billiger waren, Schmuggelgut eines kleinen Grenzverkehrs, der von der Obrigkeit zur Empörung der ansässigen Kaufmannschaft milde geduldet wurde. Das italienische Tarvisio machte da schon einen ganz anderen Eindruck als das steppenlangweilige Freilassing, der ganze aufgeregt vibrierende Ort schien seine Existenz ausschließlich dem Schmuggel zu verdanken und Schmuggel, wie er zur Grenze gehört, mußte etwas ungemein Belebendes sein, das Wohlstand schuf und glücklich machte, denn kofferraumweise wurden die Märkte von enthemmten Österreichern, Deutschen, Holländern leergekauft, und doch waren all die Geschäfte, Buden und Regale beim nächsten Mal wieder randvoll angefüllt mit Lederjacken und Geschirr, mit Rotwein, die Flaschen hübsch in Bast gewickelt, und Nudeln, Käse, Obst. Diese andere, gar nicht furchterregende oder militärisch bewehrte Grenze war ein einziger Kaufrausch, und die Zöllner, die die österreichische Wirtschaft vor den österreichischen Konsumverrätern zu schützen hatten, waren machtlos vor der Masse an Schmugglern, die so zahlreich kamen, daß es unmöglich war, sie alle zu kontrollieren. So gelangten die allermeisten dieser wohlanständigen, auch als Amateure durchaus begabten Urlaubsschmuggler unbehelligt in ihre Heimat, und mit ihrer kleinen Übertretung hatte ein jeder von ihnen nicht nur diese Tasche aus fragwürdigem Leder oder jene Flasche Rotwein erstanden, sondern sich auch ein Stück Welt nach Hause mitgenommen, das, selbst als billiges Konsumgut, daran gemahnte, daß es außerhalb des eigenen Kreises etwas zu entdecken und zu genießen gab, daß die Welt groß, reich, vielfältig, anders war und man sie sich auch mutig gewinnen mußte.

Mit dem Beitritt Österreichs zur Europäischen Union hat sich der Charakter der österreichisch-italienischen Grenze völlig verändert. Indem die Europäische Union den Schmuggel legalisierte, hat sie ihm den Stachel des Verbotenen gezogen und das, was als eine Form der Weltgewinnung von Strafe bedroht war, zur zweckfreien Lust am Kaufen geläutert, welcher zu frönen staatlich nicht nur erlaubt ist, sondern von den transnationalen Obrigkeiten sogar erwünscht und gefördert wird. Wer sich über der Grenze versorgt, der verstößt gegen kein Gebot mehr, sich auf das zu bescheiden, was ihm sein Vaterland anzubieten hat, sondern befolgt die Anweisung, sein grenzenloses Europäertum als unermüdlicher Konsument zu bestätigen. Der Einkauf drüben, der vorher, so spießig der einzelne Schmuggler gewesen sein konnte, immer auch eine praktizierte Grenzüberschreitung war, also ein europäischer Reflex, der unwillkürlich wider Enge und Zwänge der staatlichen Ordnung Europas verstieß, ist nun zum Akt geworden, mit dem einer sein bürokratisch verbürgtes Europäertum pflichteifrig mit Konsumleben erfüllt.

Wo schon zu Zeiten der Venezianer und Habsburger emsige Schmuggler in beiden Richtungen unterwegs waren, um zum Nutzen der Grenznachbarn auf Saumpfaden und Bergwegen Waren von hier nach dort zu bringen, ist eine alte Grenzregion rasant zur beliebigen Gegend verkommen, kein gefährliches Niemandsland, aber gefährdetes Land, dem seine Geschichte entzogen wurde und das sich selbst abhanden zu kommen droht. Indes die österreichischen Schmuggler Grenzkontrollen und Zöllner nicht mehr zu fürchten brauchen, müssen sich die italienischen Händler gegen die Konkurrenz anderer Umschlagplätze des Konsums behaupten, deren Reiz statt in dem verblassenden einer Grenze von gestern vielleicht darin liegt, daß sie Shoppingcenter samt Sauna und Erlebnisrestaurant anzubieten haben.

Auf der anderen Seite, gegen den abgeblockten Osten hin, ist der Eiserne Vorhang längst gefallen, und Stein für Stein wurde die Berliner Mauer, Signum der Teilung Europas, inzwischen an Devotionalienhändler vergangener Despotien verhökert. Doch wo der Eiserne Vorhang mit dramatischer medialer Inszenierung abgeräumt wurde, als gelte es ganz Europa so innig zu vereinen, wie es nie vereint war, ist eine soziale und militärische Grenze geblieben. An die Stelle der vielen, die ausreisen wollten, es aber nicht durften, sind jene getreten, die einreisen möchten, es aber nicht schaffen, das Land, in dem sie vordem festsaßen, jetzt zu verlassen, da sie in ihrer → Heimat kein Despot und keine Partei mehr hält. Zurückgehalten werden sie von keinem Eisernen Vorhang, der in ihren Ländern niedergegangen ist, sondern von einem elektronischen Raster, der in den unseren installiert wurde. Die einst von uns ermuntert wurden, kühn den Ausbruch aus der kommunistischen Welt zu versuchen und flüchtend die Überlegenheit von Demokratie und Marktwirtschaft zu erweisen, sollen nun bleiben, wo sie sind, und uns die Überlegenheit der Wirtschaft über die Demokratie getrost alleine erweisen lassen. Das Geld, das im kalten Krieg in die mediale Verlockung der Osteuropäer, doch unter Gefahr des Lebens in den freien Westen zu fliehen, investiert wurde, geht heute drauf, jene von ihnen aufzuspüren und rückzuführen, die dem Appell um ein paar Jahre verspätet zu folgen suchen.

Was die Bundesrepublik Deutschland einst aufwandte, um die Schwaben und Sachsen aus dem Rumänien Ceauşescus herauszukaufen, 8000 bis 15 000 Mark pro Kopf, je nachdem, wozu dieser in Deutschland zu verwenden war, das pulvert sie heute in den Bau schmucker Altersheime in Transsylvanien. Vorbehalten sind diese den spärlich im Lande verbliebenen Siebenbürgen und Banatern, die sich einst weder den Schikanen der rumänischen Behörden beugen noch den Versprechungen der Deutschen Mark ergeben, sondern in ihrem jahrhundertelang angestammten Lande bleiben wollten. Damit sie nicht womöglich auf die Idee verfallen mögen, den Lebensabend doch in der Umgebung ihrer außer Landes geekelten Kinder und nach Deutschland gelockten Enkel verbringen zu wollen, wird nun weiterhin viel Geld nach Rumänien transferiert: Jetzt, da die siebenbürgischen Dörfer menschenleer geworden sind, Zeugen einer wahrlich erfolgreichen deutsch-rumänischen Zusammenarbeit, jetzt also, da die deutschsprachige Bevölkerung einem tragischen Ende ihrer jahrhundertelangen Anwesenheit in Transsylvanien entgegensieht, soll das deutsche Geld nicht mehr möglichst viele zum

Aufbruch nach Deutschland verleiten, sondern zum Bleiben in Rumänien bewegen; die früher zum Arbeiten heim ins mythische Mutterland gerufen wurden, sollen sich jetzt zum Sterben in der Ferne, aber in deutschen Altenheimen, niederlegen.

Der Wettkampf der Systeme ist binnen kurzer Frist zum europäischen Experiment mutiert, ob sich eine gigantische Zollfreihandelszone über die Blöcke von gestern hinweg etablieren und halten läßt, ohne daß allen ihren Bewohnern die volle Freizügigkeit zugestanden werden müsse. Von einem »grenzenlosen Europa«, wie es noch vor zehn, fünfzehn Jahren die Enthusiasten des vereinten Europa zu beschwören pflegten, ist keine Rede mehr. Die Europäer der Union zumal haben sich von jener Losung mehr erschreckt denn beglückt gezeigt, würde sie doch nicht allein verheißen, daß ganz Europa ein riesiges Warenhaus ohne Ladenschlußzeiten wird, sondern auch, daß wir uns darin mit den Nomadenscharen Osteuropas raufen müßten. Das Problem, wie der Supermarkt Europa seiner einwohnenden Käuferschaft das freie shopping durch alle Abteilungen erleichtern, Unbefugten den Eintritt von außen aber strikt verweigern könne, sucht das Schengener Abkommen zu lösen, das 1985 im luxemburgischen Schengen vereinbart wurde und seit 1995 in den ersten EU-Ländern in Kraft getreten ist. Das Schengener Abkommen möchte im Inneren die Grenzen für Arbeitskräfte und Konsumenten aufheben, sie nach außen hin aber als Grenze eines gemeinsamen Blockes zur uneinnehmbaren Festung sichern. Die elektronische Sicherung, wie sie dafür vonnöten ist, mag zwar die Grenzen für unerwünschte Grenzgänger schließen, dafür öffnet sie ungeahnte Möglichkeiten der Datenüberwachung, die Europa zum gelobten Land hochtechnologischer Observation, einer Bürokratie neuen Typs, machen. Schon kurzfristig erniedrigt das Schengener Abkommen einige Beitrittsstaaten wie Österreich dazu, den Wächter in der Grenzmark abzugeben, dessen heiligste europäische Mission es ist, die Menschen nach den verschiedenen Klassen ihrer europäischen oder außereuropäischen Identität zu sichten und zu sortieren. Bei dieser verantwortungsvollen Tätigkeit soll es ihnen eine Hilfe sein zu erfahren, daß einst, da die Menschen noch nicht von Osten nach Westen, sondern umgekehrt vom Westen in den Osten strömten, für den Ort ihres stolzen Wachens kein deutsches, sondern nur ein polnisches Wort in Verwendung stand: Die Grenze nämlich ist vom alten polnischen »Granica« über das mittelhochdeutsche »greniz« auf uns gekommen, aber man merkt ihr diese europäische Wanderung nicht mehr an.

HEIMAT

Mit der Heimat haben es viele schwer, auch die Übersetzer. Denn wenn es im Deutschen heimatlich wird, steht ihnen im Französischen nur »patrie« oder »pays natal« zur Verfügung, und dieses Vaterland wie jenes Geburtsland sind der Heimat doch ziemlich fern. Nicht viel anders ist es mit der italienischen oder der portugiesischen »patria«, doch auch das »native country« des Englischen ist mit der Heimat nicht gemeint. Das Gemütvolle, wie es die Heimat birgt, im Martialischen des Vaterlandes ist es so wenig zu Hause, wie ihm das Sachliche von Geburtsort und Staatsbürgerschaft gerecht wird. Die Heimat ist nämlich vor dem Vaterland da, und sie wird weder in etatistischen Kategorien gedacht noch als Feier des Staates erlebt. Daß es in der deutschen Sprache eine Heimat, sonst aber in den europäischen Sprachen zumeist nur Vater- oder Geburtsländer gibt, hat manchen Kritiker deutschen Wesens dazu verführt zu meinen, die Heimat mit all ihren Abgründen sei überhaupt etwas spezifisch Deutsches. Indes in Deutschland unstillbar die Sehnsucht nach der Heimat drängt, wären andernorts die Menschen dem Engen und Heimeligen schon aus purem Sprachglück entwachsen. Diese Kritik ist freilich von den deutschen Nationalisten geborgt, die ähnliches immer schon wußten, haben sie doch einst als hohe Auszeichnung gepriesen, was ihnen heute mit entrüsteter Miene ihre Verächter hinterherbeten: daß heimatfähig nur der Deutsche sei. Hätten die Deutschen gar, da sie eine Heimat sprachlich benennen können, schon etwas von ihrer gefährlichen Doppelexistenz verraten, die sie gefühlig im Heimatlichen rasten läßt, auf daß sie bald wieder als kalte Machtmenschen erobernd durch die Welt ziehen können?

Kein Zweifel, im fortgesetzten Mißbrauch, der mit der Heimat getrieben wurde, sind nicht wenige, die es vor diesem ekelt, kurzschlüssig zur Einsicht gekommen, die Heimat selber wäre bereits dieser Mißbrauch und zivilisierten Menschen hätte das fatale Bedürfnis nach ihr füglich abzugehen. Ein sehr deutscher Gedanke, der es da so streng mit den Deutschen angeht und Heimat einzig als jene Zwangsvorstellung versteht, welche Gemeinschaften, die von einem Schub der Modernisierung aus den Fugen sind, neurotisierend zusammenzuhalten sucht. So deutsch nämlich ist die Heimat nicht, und so beschränkt, wie sie bald gepriesen, bald verworfen wird, muß sie nicht sein. Die sie als inniges Menschenglück rühmen und die sie als das Überflüssige tadeln, sind sich zwar uneins, wie sie zu bewerten sei, doch einig, was sie vorgeblich ist: die Idylle des vertrauten Raumes, durch den keine Zugluft der Geschichte streicht, die Ruhe und Sicherheit des überschaubaren Ortes, den die Veränderung nicht erreicht, dem sie, wenn sie ihn doch erreicht, jedenfalls nichts anhaben kann – unverändertes, aber nicht in Kälte erstarrtes Bild der Kindheit.

Der eine mag sich nach dieser Behütung sehnen, den anderen wird vor solchem Würgegriff des Abgelebten schaudern: Gemeinsam ist beiden, die sie die Heimat brauchen oder fürchten, daß sie ihnen ein besonderes Stück Welt ist, das Sicherheit dem gewährt, der sich in ihre überkommene Ordnung fügt. Das Recht auf Heimat, wie es die deutschen Heimatvertriebenen nach 1945 festschreiben ließen, kippt da rasch in eine Pflicht zur Heimat, die ungeschriebene Gesetze zu befolgen zwingt und den ausstößt, der sich ihnen nicht unterwirft. Denn solche Heimat ist warmherzig, aber nicht großzügig, sie spendet Sicherheit, gewährt aber keine Nachsicht. Was sie zuläßt, ist die sonst nirgendwo mehr erreichte Selbstverständlichkeit des alltäglichen Lebensvollzugs: Was ich tue, wird verstanden, und was ich sehe, verstehe ich, wie ich mich verhalte, gilt den anderen als selbstverständlich, und wie sie sich verhalten, das ist mir vertraut. Was das Selbstverständliche stört, verletzt die Heimat, sei es fremder Lebensstil oder ungewohnte Verhaltensweise. Wer von außen kommt, bleibt in einem Dorf oft bis ans Lebensende ein Zugereister, der nicht ganz dazugehört, und wer von innen aufbegehrt, dem wird die Heimat bald unheimlich: Die Jugend verläßt sie, ihr anderes Leben zu führen, oder aber sie schafft sich inmitten der fremdgewordenen ihre eigene Heimat.

Theo Waldinger war Mitte dreißig, als ihn die Wiener Nazis unter Bedeckung ihrer deutschen Herren außer Landes jagten, und er war weit über achtzig, als er wieder für länger aus Chicago nach Österreich zurückkehrte. Den größeren Teil seines Lebens hatte er außerhalb des deutschen Sprachraums verbracht, aber das wienerisch gefärbte Deutsch, das er sprach, war für jeden, dem er anekdotenreich von früher erzählte, ein Erlebnis. Ein Wienerisch, wie es heute kaum mehr zu hören ist, war es nicht vom Slang der zerfallenden Großstadt, doch unverkennbar großstädtisch gefärbt und im riesigen sprachlichen Resonanzraum der Donaumonarchie zu seinem vollen Ton gereift. Wie konnte es geschehen, daß er es, in amerikanischer Umgebung, über ein halbes Jahrhundert so makellos und so lebendig erhielt? Übersiedeln heute Österreicher in die Vereinigten Staaten, pflegen sie schon nach zwei, drei Jahren ihre sprachliche Sicherheit eingebüßt zu haben und bei sogenannten Heimatbesuchen in einem Kauderwelsch aus Geschäftsenglisch und Phrasendeutsch zugleich roh und sentimental daherzustammeln. Bei all diesen Kärntner Köchen, steirischen Muskelmännern und Wiener Footballern schlägt die panisch vollzogene Assimilation an die Neue Welt, die bedingungslose Selbstaufgabe zugunsten des beruflichen Aufstiegs schon nach kurzer Frist als Verstümmelung der Sprache durch. Theo Waldinger jedoch, der Österreich nicht freiwillig verlassen, nicht das Abenteuer oder den Erfolg gesucht hatte, sondern um sein Leben flüchten mußte, wußte seine Sprache ganz unversehrt zu halten. Was seine Heimat sei, habe ich ihn einmal gefragt, und er hat, sich immer wieder ergänzend, korrigierend, nicht so schnell aufgehört mir zu antworten, als müsse er auch darüber noch endgültige Klarheit erlangen. Er einigte sich schließlich darauf, daß er, der Exilant, zwei Heimaten habe, wiewohl Heimat ein Wort ist, das keinen Plural zu kennen scheint, und diese beiden Heimaten waren ihm nicht Österreich, das ihn verstoßen hatte, und Amerika, dem er bei aller Kritik stets dankbar blieb, es waren nicht Wien und Chicago, sondern der Kaiserpark und das Wienerische.

Im Kaiserpark, einem wenig prächtigen Wiener Vorstadtpark, hatte er sich als Jugendlicher täglich mit seinen Freunden getroffen, die gleich ihm zumeist armen jüdischen Familien entstammten und sich früh für den sozialistischem Umsturz erhitzten. Man konnte ihm die österreichische Staatsbürgerschaft nehmen, ihn aus Wien, aus Europa vertreiben, die beiden Heimaten, wohin es ihn auch verschlug, hatte er immer bei sich: das Bild des Kaiserparks mit seiner Gruppe aufbegehrender Jugendlicher und die Sprache mit ihrem von Generationen nuancierten Reichtum. Aus diesen Heimaten konnte er nicht vertrieben werden, weil sie ein Teil seiner selbst geworden waren. Und wie er aus der Erinnerung an die Freunde, die in alle Erdteile verstreut wurden und sich doch, von Elias Canetti in seiner Autobiographie respektvoll erwähnt, die Freundschaft bewahrten, wie er aus dieser Erinnerung an den Kaiserpark, in dem früh die Revolten loderten, eine seltsam trotzige Kraft bezog, so war auch seine Sprache Ursache und Folge einer eigentümlichen Sicherheit: Da mühte sich einer nicht ab, die Spuren zu verwischen und, was ihn geprägt hatte, zu verleugnen, er lebte vielmehr aus seiner und mit seiner Geschichte, und so vermochte er sich in der neuen Welt paradoxerweise gerade deswegen zurechtzufinden, weil er, der wahrlich Grund dafür gehabt hätte, der alten nie in Bausch und Bogen abgesagt hatte. Seitdem ich dem so unverkennbar österreichisch zugeformten und zugleich wahrhaft kosmopolitischen Weltbürger Theo Waldinger begegnet bin, kommt mich immer eine böse Verächtlichkeit an, wenn ich die pflichteiligen Weltspießer meiner Generation dabei sehe, wie sie verkniffen ihrer Herkunft wie einer Verdammnis zu ewiger Provinzialität zu entfliehen suchen. Solch provinzielle Angst des Provinzlers, in der großen weiten Welt, wo der freie Geist weht und der Fortschritt zu Hause ist, womöglich für einen Provinzler gehalten zu werden, hat Theo Waldinger, haben die einst ins Exil Gejagten nicht gehabt.

Die Heimat, wie sie der Flüchtling Waldinger empfand, muß an den Ort, dessen Teil sie einmal war, ja der sie selber gewesen ist, nicht gebunden sein, man kann sie mit in die Welt nehmen. Sie ist auch nicht das Versprechen seelenvollen Behagens, sondern etwas, das seine widerständigen Seiten hat. Der Park der Kindheit ist ein kleiner, überschaubarer Raum der Freiheit, zwischen die familiäre und die staatliche Obrigkeit, zwischen Eltern und Welt gesetzt. Um als Heimat zu taugen, braucht dieser Park, dieser Straßenzug nicht ein Leben lang vor meiner Haustür zu liegen, braucht er nicht alle Tage besucht, abgegangen zu werden. Die Heimat kann mit dem ziehen, der den Ort der Kindheit verläßt, und jenem abhanden kommen, der bleibt. Millionen Arbeitsemigranten erproben es, und manchen gelingt es, die Heimat in die Fremde mitzunehmen. Anderen, weil sie → Fremde bleiben, verklärt sich das, was sie verlassen haben, zur Idylle, zur heilen Welt daheim: Wer sich wie sie, die sonst gar nichts besitzen, im Besitz der fernen Heimat wähnt, die ihnen aus der Entfernung immer inniger leuchtet, hat sie indes schon verloren und verliert nun auch noch sich selbst an eine Politik, die ihr Geschäft mit der Heimat nur machen kann, wo diese in Wahrheit bereits zerstört ist.

Europa hat heute 43 Staaten, bald können es noch ein paar mehr oder wieder ein paar weniger werden, und in nicht wenigen blüht der politische Handel mit der Heimat; Europa hat 43 Staaten und in diesen Staaten, großzügig bemessen, vielleicht 130 historisch gewachsene Regionen. Wie viele Heimaten hat Europa, wieviel Heimat läßt Europa zu? Das überkommene Bild von Heimat faßt diese in einem dörflichen, regionalen Rahmen, in den allenfalls noch die industriell verschonte Kleinstadt paßt. Stadtforscher haben indes gezeigt, wie die Großstädte sich aus lauter kleinen Dörfern zusammensetzen, in denen der Metropolenbewohner vermeintlich überflüssige Bedürfnisse und aussterbende Vorlieben wie jene, die Menschen seines Wohnhauses, seiner Straße mit dem Namen zu kennen und sich mit ihnen in einem Einverständnis über einige grundlegende Dinge zu wissen, respektiert findet. Denn Heimat hat immer etwas Kleines, aber doch etwas Kollektives. Verlogen ist es, wenn approbierte Philantropen, sich selbst zu preisen, gleich die ganze Menschheit als ihre Heimat rühmen, und schlichten Unsinn verbreitet die politische Feiertagspredigt, daß Europa selbst die größere Heimat der Europäer sei.

Nein, die Heimat hat nichts Monumentales, sie ist auf den kleinen Raum bezogen, allerdings einen, in dem der ganze Lebenszusammenhang aufscheint. So kann man seine Heimat auch nicht alleine haben, und die einsame Liebe zu einem besonderen Berg, zu einem Landstrich macht noch keine Heimat, ist diese doch immer der Ort mit seinen Sprachen, die Landschaft mit ihren Menschen. Solche Heimat, die das Unwandelbare zu repräsentieren scheint, wandelt sich doch stets, ganze Stadtviertel fallen der Stadtplanung zum Opfer, und wenn nicht dieser, dann der ungeplanten städtischen Entwicklung. Als in Paris das Viertel um Les Halles zerstört wurde, galt der Abriß nicht bloß einem alten Markt, ein paar Straßenzügen und Häusern, sondern auch der Heimat vieler Pariser. Und mit den alten, meerzugewandten Vierteln Barcelonas, denen die Olympischen Spiele den städtebaulichen Garaus bereiteten, verschwand auch ein Stück uralter randstädtischer Renitenz.

Die Heimat vererbt sich nicht. Politiker, die den Menschen Heimat versprechen, lügen, denn Heimat kann weder zentral gewährt noch politisch verordnet und durchgesetzt werden. Mag sein, es gibt nicht nur den Wunsch nach Heimat, sondern auch ein Recht auf sie, so ist dieses Recht doch nicht zu sichern und auch nicht auf die Nachkommen weiterzugeben. Auf der britischen Insel leben heute knapp mehr als fünf Millionen Iren. Hungersnöte, politische Verfolgung haben im letzten Jahrhundert Millionen von Iren in alle Welt, vornehmlich in die Vereinigten Staaten von Amerika auswandern lassen. Zu den fünf Millionen Iren, die in Irland und Ulster leben, kommen gut zehn Mal so viele Menschen, die irgendwo in der Welt leben und sich noch in einem losen, vielleicht sentimentalen Zusammenhang mit der Welt der Vorväter fühlen. Sie haben ein Anrecht auf Heimat, aber sie haben es nicht ererbt, daß sie heute ihr Heimatrecht in Irland beanspruchen. Heimat ist der Politik vorgelagert, und nicht ihr geringster Reiz wächst ihr zu, weil sie, ein Stück gutes Leben im falschen, Glück immer wieder auch trotz der politischen Verhängnisse gewährt. Es ist in den Reden der Politiker wieder viel von der Heimat, vom Recht auf Heimat, von Gefährdung und Sicherung der Heimat die Rede, ein starkes Indiz, daß es schlecht steht. Wenn das Vaterland auf die Heimat kommt und sie zu schützen ankündigt, soll meist verborgen bleiben, daß es schon bebt und kracht.

IDENTITÄT

Seit der Aufklärung hält sich bei wohlmeinenden Erziehern der Glaube, die Völker müßten einander nur kennenlernen, um füreinander Sympathie oder immerhin Respekt zu empfinden, und der Haß, in dem sie sich periodisch gegeneinander hetzen lassen, wurzle in der Unkenntnis, die sie voneinander haben, also letztlich in etwas, das gar nicht vorhanden ist, im Nichts. Dieser Glaube ist achtbar, ja edel, und die sich ihm verschrieben, mögen die achtbarsten und edelsten Menschen sein.

Doch haben die Serben, Kroaten und Muslime Bosniens einander nicht gekannt? Sie haben doch jahrhundertelang in denselben Dörfern und Städten gewohnt, sie gemeinsam aufgebaut, miteinander fortwährenden Austausch getrieben, nicht nur von Waren, sondern von Auffassungen, Lebenshaltungen, Einsichten; und in unzähligen Familien über die ethnische oder religiöse Schranke hinweg geheiratet, die dadurch auch keine mehr war, und Kinder gezeugt, die selbst nach dem Maß der Blutstatistiker das Erbteil nicht einer Gemeinschaft allein, vielmehr mehrerer, aller Nationalitäten der Region in sich tragen! Und wissen die irischen Katholiken und die irischen Protestanten wirklich nichts voneinander? Sind die Albaner des Kosova, wie sie das von ihnen bewohnte Gebiet nennen, und die Serben aus dem Kosovo, wie diese es bezeichnen, einander etwa fremd? Haben die Rumänen und die Ungarn Siebenbürgens, ehe sie mit Zaunlatten aufeinander losstürmten, den → Nachbarn tatsächlich für einen landfremden Blutsauger gehalten, der zufolge einer internationalen Verschwörung das Land besetzt hält? Nein, sie alle kennen einander und haben sich doch immer wieder gegeneinander mobilisieren lassen. Ist ihr Haß aus der Unkenntnis geboren? Er gilt jedenfalls keineswegs dem unbekannten → Fremden, der sich in Sitten und Gebräuchen, in religiösen Riten und alltäglichen Gewohnheiten wunders was von ihnen unterscheiden würde. Nein, dieser Haß gilt nicht dem Fernsten, sondern dem Nächsten, dem Nachbarn, dem nur zu gut Bekannten. Man könnte sagen, er gilt jenem, der einem so nahe ist, daß man er selber sein könnte, daß nur ein Kleines fehlt und man wäre er geworden; ein winziger biographischer Zufall, eine geringfügige, doch folgenreiche Entscheidung weit zurück in der Familiengeschichte hat genügt, daß man sich auf der anderen Seite befindet.

Der österreichische Kriegsverbrecher, der als einer der Organisatoren des Völkermordes in Polen und als SS-Führer um Triest für die Ermordung ungezählter Juden und Slowenen verantwortlich war, hieß Odilo Globocnik. Selbst die Zeitungen des Naziregimes waren sich seines Deutschtums und der Schreibweise seines Namens nicht sicher und nannten ihn abwechselnd Globocnik, Globotschnigg,

Globotznic. Wie schon sein Name verrät, stammte der für seine Brutalität im ethnischen Kampf berüchtigte Kärntner aus deutschnationaler Familie, die gleichwohl ihre slawischen, slowenischen Wurzeln hatte. Der die kleine Region, aus der er kam, und ganz Europa zum Revier des germanischen Herrenmenschen machen wollte, hatte Vorfahren keineswegs nur in der einen Volksgruppe, deren Vormacht mit allen barbarischen Mitteln zu befestigen seine Absicht war, sondern auch in der anderen, an deren Verfolgung, ja Ausrottung mitzuwirken er sich von Jugend an aufdrängte. Karl Kraus schon hat darüber gespottet, daß die schlimmsten Slawenfresser des Alldeutschthums in der Untersteiermark Kokoschinegg, Stepischnegg, Jessenko, Ambrositsch, Pollanetz hießen, indes die nationaltschechischen Turnerbünde des Sokol mit Recken wie Weiss, Majer, Feldmann, Mühlbauer aufwarten konnten.

Der Haß, der zumal in den national gemischten, in den ethnisch unauftrennbar verwobenen und auch durch keine ethnische Säuberung je wieder ethnisch homogen zu bekommenden Regionen gegen die andere Volksgruppe, Religion, Ethnie von geschickten Brandstiftern periodisch entfacht werden kann, er ist natürlich auch ein nach außen wütender Selbsthaß. Der germanische Odilo, der sich zum Völkermorden an den Slawen aufmacht, sucht auch den slawischen Vorfahren, den Globocnik in sich auszurotten, den Makel zu tilgen, daß in ihm nicht nur germanisches Blut fließt, sondern dieses, in welcher Verdünnung immer, slawisch verunreinigt ist. Wer von außen kommt, dem ist die Wut, mit der sich die eine von der anderen Volksgruppe abzuheben sucht, indes sie sich doch in fast allem gleichen, schlicht unverständlich, ja lächerlich. Was ist es, das einen Serben von einem Bosnier unterscheidet, die doch beide, nur ein paar Autostunden nordwestlich, schon von niemandem mehr unterschieden werden können, weder sprachlich noch von ihrem Aussehen her, und sich daher gemeinhin auch als die nämlichen »Tschuschen« agnosziert finden? Das Wort, mit dem die Propagandisten der Trennung, die Soziologen der Ausgrenzung in Europa den Kult des Unterschieds feiern, lautet Identität.

Die Identität ist eine defensive und offensive Kategorie zugleich. Defensiv ist sie, weil, wer sie beschwört, sie immer als etwas Bestehendes, Vorhandenes, gewissermaßen als Besitzstand begreift, den es zu verteidigen gilt, als etwas Unantastbares, das vor dem Zugriff böser Mächte, anonymer Kartelle behütet werden muß. Als wäre sie etwas, das einmal vom Himmel herniedergekommen und in die Menschen gefahren ist, ja, ihr innerstes Inneres selber ausmacht, wird die Identität als das Heilige genommen, das in Frage zu stellen, gar zu verändern, Sakrileg ist. Daß sie tatsächlich nie und nimmer ein Besitz, sondern allenfalls ein Entwurf sein könnte, kein tönernes Gefäß, in dem sich geheimnisvoll das Wesen des einzelnen oder seiner Gemeinschaft birgt, sondern ein Fundus von Möglichkeiten, die ein Mensch, eine Gruppe hat, um Traditionen und Aufbrüche zu verbinden, manches sich zu erhalten und Neues zu erproben – das ist im statischen Konzept der Identität völlig verlorengegangen. So defensiv die Identität also von den einen konzipiert und von den anderen gelebt wird, so offensiv kehrt sie sich nach außen: Denn wie sie nach innen als Macht der Beharrung wirkt, die Stabilität verspricht, wo doch sonst schon so vieles aus den Fugen gerät, so ist sie nach außen als Kraft gerichtet, die überall das vermeintlich Fremde aufspürt und es als Bedrohung zeichnet. Nach außen ist die Abgrenzung ihre Aufgabe, denn die Welt ist ihr ein Niemandsland, in das sie die Zäune rammt; nur indem sie ausschließt, fernhält, wegsperrt, vermag sie nach innen jene Sicherheit zu vermitteln, um die es denen geht, die, unsicher, verängstigt, aufgestört vom Fließen des Lebens, den Unwägbarkeiten der Existenz, den Veränderungen der Zeit, der Identität als dem Versprechen von Beständigkeit bedürftig sind.

Keine kulturpolizeiliche Verordnung, kein völkischer Aufruf, kein nationaler Wahn, der sich mit solcher Identität nicht vortrefflich begründen ließe, denn es ist das Wesen dieser Identität, daß sie immer bedroht ist, daß sie ständig verteidigt werden muß und daß es immer unzählige und mächtige Feinde gibt, vor denen sie geschützt zu werden hat. Fast beliebig kann sie dafür herhalten, daß der eine Staat sich gegen den Zuzug von Menschen, gegen die Einfuhr von Büchern, gegen den Wind freier Gedanken abzuschließen sucht, weil er sich schließlich im Verteidigungskrieg um die bedrohte kulturelle oder nationale Identität seines Volkes befindet; indes sich der andere Staat aggressiv gegen seine Nachbarn wendet, denn schließlich vermag er nur mehr durch einen Präventivkrieg die bedrohte Identität der Seinen zu behüten, die ringsum von der Verschwörung der Feinde bedroht ist. Kurz, es gibt keine Expansion und keine Abschottung, die nicht mit der Identität und ihrer naturgemäß bedrohlichen Lage zu rechtfertigen ist. Sie ist eine Waffe der kleinen Völker, die in ihrer nicht immer unberechtigten Furcht, im großen Meer der Völker unterzugehen, einen Kult der Differenz pflegen und sich in eine Hysterie der Unterscheidung stürzen – und sie ist eine Waffe der großen Völker, die sich einst auf den großdeutschen oder großrussischen Weg gemacht haben, ihre Nachbarn als verlorene Brüder, unerlöste Volksgenossen heimzuholen. Sie ist bei den Regierungsgewaltigen armer Staaten populär, die ihre Bevölkerung in Ruhe halten wollen, auch ohne ihr Wohlstand gewähren zu können – und sie ist bei den Mächtigen der reichen Staaten populär, wenn es diesen darum geht, die → Grenzen dicht zu machen. Die Identität hat also Saison, und je fiktiver sie ist, umso höher steht sie im Kurs.

JUGONOSTALGIČARI, kroatisch

Seit ein paar Jahren ist in Kroatien ein Schimpfwort populär, das im Grad der Verächtlichkeit, zu dem es sich hochekelt, schon fast den »Kinderschänder« oder »Leichenfledderer« erreicht. Der »Jugonostalgiker« klingt im Deutschen harmlos, im Kroatischen brutal, und wer sich als solcher enttarnt findet, hat nichts Liebenswürdiges, wie es mit dem Wort Nostalgie vielleicht anderswo verbunden wird, mehr für sich zu buchen, sondern ist als Abschaum gezeichnet. Denn der Jugonostalgičari ist ein Parasit des kroatischen Volkskörpers, der sich nach jener Beschämung sehnt, da Kroatien wehrlos den Blutsaugern Jugoslawiens ausgeliefert war und die mythische Volkssubstanz zersetzt zu werden drohte. Wahllos wird die Bezeichnung heute jedem übergestülpt, der den kroatischen → Nationalismus, wie er sich zur staatstragenden Ideologie erigiert, zu kritisieren wagt. Ein Anhänger des alten Jugoslawien muß er dabei gar nicht sein, noch dem seligen Bund der Kommunisten Jugoslawiens je so ergeben gedient haben wie der Präsident Tudjman selber und all seine heute als martialische Kommunistenfresser delirierenden Gefolgsleute.

Das in der kroatischen Öffentlichkeit schier omnipräsente Verdikt des Jugonostalgičari hat für jene, die sich seiner bedienen, den Zweck einer ungemein effektiven Entlastung: Wer andere als Nostalgiker der jugoslawischen Verhältnisse zeiht, braucht sich nicht sorgen, nach seiner eigenen Rolle in jenen Jahren gefragt zu werden. Es ist, als wären die vereinigten Nationalsozialisten, die sich im Zusammenbruch des Dritten Reiches rasch zu patentierten Demokraten läuterten, darauf gekommen, ihre politischen Gegner, ob diese christlich oder liberal, sozialdemokratisch oder kommunistisch geprägt seien, voller Abscheu am besten stets als »Faschisten« zu bezeichnen. Indem der Faschist seinen Gegner zum Faschisten erklärt, weiß er sich seiner Vergangenheit auf die einfachste Art zu entledigen. Nun ist der Jugonostalgičari, und damit ist der Vergleich schon wieder außer Kraft gesetzt, aber nicht deswegen geächtet, weil er früher ein Rassist war, sondern weil er heute keiner sein will. Wer sich, nostalgisch oder nicht, der Geschichte → Jugoslawiens besinnt, hat sich nicht nur vieler Enttäuschungen zu besinnen, sondern auch jener menschenfreundlichen Ideale, in denen ihn die jugoslawische Realität so bitter enttäuschte; und indem er sich seiner Illusionen inne wird, kann er dem heutigen Kahlschlag doch jene Werte entgegensetzen, für die ihm seine Illusionen einst standen.

Eben darum muß die Erinnerung selber geächtet werden. Keiner möge sich mehr erinnern, daß es einst andere Götter als jenen Abgott des Nationalismus gab, vor dem zu knien heute erste Bürgerpflicht ist. Es soll keine Kroaten geben, die noch die Möglichkeit denken können, daß der Mensch nicht bloß als Angehöriger einer → Nation auf die Erde gekommen ist und daß es stolzere Eigenschaften für ihn gibt, als dieser oder irgendeiner anderen Nation anzugehören. Wer diese Möglichkeit noch denken, noch empfinden kann, ist eine Gefahr: Er muß als Volksschädling überführt und als Jugonostalgičari der Verächtlichkeit preisgegeben werden.

Zur gleichen Zeit wie der »Jugonostalgičari« in Zagreb ist in Belgrad das Schmähwort »Titoist« aufgekommen. Als sich in Serbien die kommunistische Nomenklatura nach heftigen Preßwehen als nationalistische Elite neu gebar, entdeckten jene, die als seine getreuen Parteigänger Karriere gemacht hatten, daß Tito der Sproß eines kroatischen Kleinbauern und einer Slowenin gewesen war. Die Versuche des greisen Tito, mit der Verfassung von 1974 dem nationalen Egoismus auf administrativem Wege Einhalt zu gebieten, gelten heute in Serbien als Anschlag eines Kroatoslowenen, der den langsamen Völkermord an den Serben ins Werk gesetzt hat. Wie in Kroatien kommt auch in Serbien das offiziöse Bannwort den neuen alten Herren sehr zupaß. Titoisten waren sie nämlich allesamt, und indem sie heute ihre schlimmsten Feinde als das titulieren, was sie selber einst waren, gelingt ihnen zweierlei: ihre eigene Geschichte zu verschleiern und die Geschichte Jugoslawiens von allen hinderlichen humanistischen Traditionen zu säubern. Denn was sie an Jugoslawien geißeln, sind ja nicht die Fehler, die dieses in reicher Zahl aufzuweisen hatte, sondern das Beste, was Jugoslawien repräsentierte: daß es nämlich eine übernationale Idee immerhin hatte, wie früh diese auch verraten wurde. So hat jede Zeit ihre Schimpfwörter, in denen sie weniger die Beschimpften, als sich selber kenntlich macht. Der Jugonostalgičari als das häufigste und geradezu offiziös lancierte Schimpfwort Kroatiens und der Titoist, wie es als Schmähung endemisch in Serbien gebraucht wird, zeigen jedenfalls Länder, die den Aufbruch suchen, indem sie die Geschichte entsorgen.

JUGOSLAWIEN

Es fällt nicht schwer, Jugoslawien nachzutrauern. Dies war ein Reich, das sechs Nationen vereinte, die beim Versuch, ihren gemeinsamen Staat aufzulösen, in einen verheerenden Strudel aus Gewalt und Rache geraten sollten. Es fällt nicht schwer, nachträglich einen Staat, der sich Sozialistische Föderative Republik Jugoslawien nannte, milde zu beurteilen. Er hatte fünfzehn nationale Minderheiten in ihrem Recht anerkannt, denen es in keinem der nationalistisch errichteten Nachfolgestaaten wirklich besser geht. Es fällt nicht schwer, vom Wert einer Ordnungsmacht überzeugt zu sein, die die Völker mit harter Hand regierte. Es geschah zu deren eigenem Schutz und hat verhindert, daß der → Balkan schon früher zum Revier ethnischer Säuberer wurde. Und es ist nur billig, den Frieden zu rühmen, da der Krieg nach Europa zurückgekehrt ist. Nein, es fällt nicht schwer, um Jugoslawien zu trauern. Schwer aber fällt es zu akzeptieren, daß Jugoslawien nicht an einer internationalen Verschwörung von Vatikan und deutscher Bundesbank und nicht an der Desinformation der vereinigten Weltpresse, sondern an seinen eigenen inneren Widersprüchen zunichte wurde. Der Zerfall, er ist nicht von außen nach Jugoslawien getragen worden, vielmehr im Inneren eines Systems gereift, das paradoxerweise ausgeklügelt gerade ersonnen war, diesen Zerfall um jeden Preis zu verhindern. Just indem die Einheit, koste es, was es wolle, gewahrt werden sollte, wurde der Zerfall in Angriff genommen, der so zwar nicht folgerichtig hereinbrach, doch vorsätzlich angestrebt wurde.

Das soll nicht heißen, daß er wünschenswert und schon gar nicht, daß er unvermeidlich, vielmehr daß er von Anbegin ein Moment dieses Systems war. Wie in der Donaumonarchie, die sie um etliche ihrer südslawischen Provinzen beerbte, war auch in der Föderativen Republik Jugoslawien bei allen Nationen das Gefühl weit verbreitet, daß ausgerechnet die eigene Gemeinschaft gegenüber allen anderen benachteiligt werde. Und wie es die bonapartistische Politik des Herrscherhauses einst in der k.u.k. Monarchie zuwege gebracht hatte, daß dieses Gefühl gar nicht selten ein durchaus berechtigtes war, ebenso hat die jugoslawische Nomenklatura zuverlässig dafür gesorgt, daß sich die einzelnen jugoslawischen Republiken aus guten Gründen für betrogen halten durften.

Die Serben etwa hatten immerhin ihren eigenen Staat für Jugoslawien aufgegeben – war es nicht verständlich, daß sie als Ausgleich dafür Jugoslawien so serbisch wie möglich zu halten und die Übernationalität als Waffe zu nutzen suchten, die anderen Nationen zurückzudrängen? Der → Nationalismus ist ja grundsätzlich immer eine Sünde der anderen, und da waren doch diese Albaner, Nationalisten der Fortpflanzung, die sich auf der geweihten Erde des Amselfeldes unverschämt fruchtbarer als die Serben erwiesen und nach und nach in Kosovo polje, dieser mythischen Wiege des Serbentums, das demographische Übergewicht errungen hatten! Die Slowenen wiederum, so tüchtig wie die Deutschen, aber katholischer, fühlten sich betrogen, weil sie die fleißigsten aller Südslawen waren und der Überschuß ihrer Produktivität nicht im Lande blieb, großteils der von serbischen Generälen befehligten Armee und Betrieben des Südens zugute kam, von denen man sich erzählte, sie gehörten der montenegrinischen Nomenklatura. Und die Kroaten, hatten sie nicht wahrlich Grund, über ihre Benachteiligung zu klagen, da ihnen doch selbst in ihrer eigenen Republik überall Serben in den Spitzenpositionen von Wirtschaft, Verwaltung, Militär vorgesetzt wurden? Doch erst die Mazedonier, Gastarbeiter im eigenen Land, verachtet, weil das Geld, das zu ihnen floß, irgendwo versickerte, die darbende Bevölkerung jedenfalls nicht erreichte und schon gar nicht, wundersam industriell vermehrt, in den Norden zurückkehrte? Schließlich die Albaner des Kosovo, sollten sie Jugoslawien als ihre → Heimat betrachten, wo ihnen die Idee der gleichberechtigten Völker immer nur in Gestalt gleichgekleideter Sonderpolizisten entgegentrat, die in Demonstrationszüge schossen und Schulen schlossen, Radiosender abmontierten und die vorgeblich autonome Provinz Kosovo zum Kasernenhof machten? Waren sie nicht alle Betrogene, betrogene Betrüger vielleicht, jedenfalls in Jugoslawien schon lange nur mehr auf Abruf zu Hause?

Zu Hause in Jugoslawien fühlten sich vielleicht nur die Bosnier, die Juden und die Zigeuner: Inbild der Katastrophe, daß der Untergang Jugoslawiens dort exekutiert wurde, wo die gepriesene Übernationalität nicht Propaganda, sondern Wirklichkeit, nicht Phrase, sondern Leben war, in Bosnien; Menetekel des Unterganges, als die Juden von Sarajevo, die vor Jahrhunderten aus Spanien eingewandert waren, ihre geliebte Stadt verließen, ein neues Exil suchend; Grablegung Europas, daß ausgerechnet die Heimatlosen, die überall → Fremden, die Zigeuner (→ Volk, fahrendes) übrigblieben, die sich als Jugoslawen, nicht als Kroaten, Slowenen, Mazedonier, Montenegriner oder Serben verstehen.

Hatten die Habsburger die Völker wechselweise gegeneinander ausgespielt, auf daß einzig die Zentralmacht noch das prekäre Gleichgewicht zwischen ihnen garantieren konnte, ist die penibel austarierte Balance des jugoslawischen Vielvölkerstaates in Wahrheit nie durch den Willen gleichberechtigter Völker gesichert gewesen, sondern durch ein beeindruckendes Repertoire bürokratischer Zwangs- und Schutzmaßnahmen. Natürlich war die Donaumonarchie nicht jener Völkerkerker, als der sie vornehmlich bei den Tschechen, aber auch in den anderen Landesteilen galt, sobald dort eine bürgerliche Schicht ihr nationales Erwachen erlebt hatte und das gesamte Staatswesen mit bürgerlichen Idealen und nationalen Kräften zu durchdringen beabsichtigte. Aber natürlich war es auch nicht hybride Anmaßung, wenn im 19. Jahrhundert in so vielen Tschechen oder Ungarn oder Italienern die Überzeugung reifte, es gingen die Geschäfte gewiß besser, wenn man die heilige Firma, die → Nation, erst auf eigene Verantwortung und ohne den fremden Patron, den ungeliebten Kaiser, führen könne. Die Donaumonarchie hat immerhin etliche hundert Jahre bestanden, und doch wagt heute kein Mensch, der auf seinen Ruf schaut, ihr so heftig nachzutrauern, daß er eine Verschwörung angelsächsischer Journalisten und französischer Diplomaten für ihren Untergang verantwortlich machte.

Jugoslawien, ein Erbe der Donaumonarchie, der an dieser Erbschaft schwer zu tragen hatte, sollte nur knappe 75 Jahre bestehen, und selbst um zu dieser Zahl zu kommen, muß man den bedeutsamen Systemwechsel von der Monarchie, wie sie in der Zwischenkriegszeit als aberwitziges Spottbild der Korruption thronte, zur Föderativen Republik nach 1945 außer acht lassen. Indes der Untergang der Donaumonarchie allgemein jedoch als zwangsläufiges Ereignis gedeutet wird und sich bei den Historikern aller Couleur ein eigenartig emphatischer Bezug zu den Nachfolgestaaten zeigt, die es doch zumeist nur zu autoritären Verfassungen gebracht haben, erscheint das Auseinanderfallen Jugoslawiens als ein Verhängnis, das dem gewissermaßen natürlichen Verlauf der Geschichte widerspricht. Als ein slowenischer Historiker einmal darauf hinwies, daß Slowenien ein Jahrtausend lang in zumeist konfliktreicher, oft tragischer, doch stets enger Verbindung mit Österreich, aber keine hundert Jahre in einem gemeinsamen staatlichen Verband mit Serbien verbracht habe, zischte die Empörung bei seinem österreichischen Publikum giftig hoch: Was wollte dieser Mann, den man strafweise nicht nach Ljubljana, sondern gleich lieber nach Laibach heimexpediert hätte – die Monarchie wiederherstellen?

Seine Absicht war freilich eine ganz andere gewesen, suchte er doch das Recht der Slowenen, die Sezession zu wählen und aus einem größeren Staatenverband auszubrechen, historisch zu begründen. Denn keiner der anwesenden Österreicher würde ihm bestreiten, daß die Serben, Kroaten und Slowenen 1918 genauso wie die Ungarn, Tschechen, Slowaken, Polen, Triestiner, Ukrainer das Recht gehabt hatten, ihre Nationalstaaten aus der Konkursmasse der österreichisch-ungarischen Monarchie zu schlagen. Der Professor meinte, man werde nicht gut das gewaltsame Ende des einen Vielvölkerstaates begrüßen und das des anderen beklagen können, doch da hatte er sich getäuscht. Und so fragte er seine österreichischen Zuhörer, was ihnen an Jugoslawien so teuer war, daß sie an einem Reich hingen, das jene, die in ihm lebten, so panisch verlassen wollten? Und es zeigte sich, daß die westliche Sehnsucht nach Jugoslawien wenig mit Jugoslawien, viel mit einer Sehnsucht zu tun hat, die marodierend unterwegs ist, irgendwo eine Weltregion zu finden, die nicht von der Religion des Geldes missioniert wurde und in der das Leben noch anderen Idealen als jenen des Profits zustrebt; ein Land, in der jene für ihre gekränkte Seele linde Heilung erfahren, die an den Segnungen des Kapitalismus leiden und den sie daher anderen gerne erspart wissen möchten. Ein solches Gemütsdepot für zivilisationsmüde Westeuropäer, die Urlaub von den Verhältnissen suchen, die sie bei sich zu Hause selber erschaffen, ist Jugoslawien, ist die Halluzination eines Jugoslawien gewesen, das sich der kommunistischen Vormacht ebensowenig beugt wie der kapitalistischen Internationale. Geliebt und verklärt wurde dieses Jugoslawien, dessen Reich nicht ganz von unserer Welt war, inbrünstig von denen, die im Westen über der Kälte des eigenen Wohlstands, über der Banalität der von ihnen eifrig in Betrieb gehaltenen Profitwirtschaft schier verzweifeln mochten. Aber keiner hat das Recht, sich seine Ideale von anderen verwirklichen zu lassen, und wer selber nichts zuwege bringt außer langweilige Prosperität, der braucht sich nicht an Verhältnissen zu berauschen, die vom Mangel und von Mißwirtschaft bestimmt sind. Mag er auch von Solidarität schwafeln, wonach es ihn verlangt, das ist der Kitsch, und was er von den Völkern am Rande Europas oder irgendwo in der Welt in seinem bedenkenlosen Imperialismus der Seele verlangt, das ist nicht weniger, als daß sie ihm den Rohstoff liefern, den er unerbittlich in Energie für sein wärmebedürftiges Gemüt umwandeln kann.

Ich gebe es ja zu, auch mir mutet das alte Jugoslawien der vielen Völker sympathischer an als das heutige System bornierter Nationalstaaten, die einen erheblichen Teil ihrer Bevölkerungen zu »Minderheiten« im eigenen Lande machen (→ Quote). Jugoslawien verfügte zweifellos über eine schönere kulturelle Vision, als es das neue Kroatien tut, in dem sich die Tugend vaterländisch gibt und der Präsident höchstpersönlich der täglichen Parade der nationalen Borniertheit voranmarschiert (→ Jugonostalgičari). Und auch das ganz europäisch gewandete Slowenien von heute, ein Musterschüler, der sich gerne von den Balkanlümmeln abzusetzen sucht und sich dem Westen beflissen mit dem Eifer des Aufsteigers andient, ist nicht angetan, jenes Jugoslawien vergessen zu machen. Die Sympathie für ein Reich der vielen Völker, Sprachen, Religionen darf aber nicht blind machen dafür, was dieses Reich wirklich war und woran es zugrunde gegangen ist.

Die Idee des Jugoslawismus ist anfänglich eine Vorstellung der extremen politischen Rechten, der faschistischen Garden gewesen, die in den zwanziger Jahren, kaum daß das »Königreich der Serben, Kroaten und Slowenen« ausgerufen war, dieses schon zu unifizieren trachteten. Die drei Völker, die das sogenannte Königreich »SHS« noch im Titel führte, sollten unter autoritärer Führung zusammenwachsen, auf daß es keine Serben, Kroaten und Slowenen, nur mehr wahre Jugoslawen gäbe. Die Verhältnisse im Vaterland aller Südslawen spotteten denn auch jeder demokratischen Beschreibung, und kein anderer als der große kroatische Schriftsteller Miroslav Krleža, ein mitleidloser Kritiker Kakaniens, hat vermerkt, daß die slowenischen und kroatischen Arbeiter selbst zu Zeiten der feudalen habsburgischen Diktatur größere politische Freiheit genießen konnten als in jenem südslawischen Königreich, für das sie so ausdauernd und mutig gekämpft hatten. Nach 1945, da sich das Land aus eigener Kraft und unter unsäglichen Verlusten von den nationalsozialistischen Okkupanten befreit hatte, sollte alles anders werden, und es blieb sich doch das eine gleich: Das Anrecht der zur Föderativen Republik Jugoslawien vereinten Nationen, sich gemäß ihren eigenen Voraussetzungen zu entwickeln, wurde zwar in der Verfassung bekräftigt und rituell beschworen, doch vom ersten Tag an verletzt. Mit der Gleichberechtigung der verschiedenen Republiken war es bald so weit her wie mit der Selbstverwaltung der Arbeiter, auch sie ein verbürgtes Ziel der Verfassung. Wie die einzelnen Republiken in Besitz der Partei gerieten und diese im Besitz der Zentralmacht verblieb, das ist eine Geschichte so bitter wie niederträchtig, in der die besten Vorsätze zunichte und die unbeugsamsten Kämpfer entmachtet, verdrängt, ausgestoßen wurden. Der Schatten des Zentralismus legte sich noch über die entlegenen Betriebe, in denen die Arbeiter bald das Interesse an der Politik und an der von ihnen vermeintlich selbstverwalteten Produktion verloren, weil sie, wo immer sie sich organisierten, stets auf Interessenvertreter trafen, die nicht ihre, sondern die Interessen der Zentrale verfochten.

Lange ehe der letale Zerfallskrieg begann, war zwischen den Republiken ein heftiger, mitleidloser Kampf entbrannt, in den sich die Zentralmacht, wie weiland die habsburgische, als ordnende, besänftigende Kraft einzumischen wußte, wiewohl sie zuvor diesen Kampf selber angefacht hatte. Indes sie die Einheit des Landes als höchstes Ziel verfocht, hat sie doch fortwährend die Interessen der einzelnen Republiken verletzt und damit die einzige Voraussetzung, die unverzichtbare Bedingung der Einheit zerstört. Sobald sich der Kollaps des sozialistischen Jugoslawien abzuzeichnen begann, wurde noch unter dem Banner des Sozialismus und dem stolzen Namen des Jugoslawismus bereits eine geradezu ordinär nationalistische Politik betrieben. Wie es insbesondere die serbischen Kommunisten verstanden, nach und nach fast alle bundesstaatlichen Organe zu besetzen und überall ihre kaum mehr verhehlten nationalistischen Ziele als Anliegen Jugoslawiens und des Sozialismus zu präsentieren, das ist als erstes gerade von serbischen Sozialisten früh beschrieben und verzweifelt kritisiert worden.

Im Oktober 1984, Jahre bevor der Krieg begann, hat eine ehrwürdige Versammmlung alter Männer, hochdekorierte Spanienkämpfer und verdiente Widerstandskämpfer der ersten Stunde, den Mechanismus beklagt, mit dem die Macht der Einheit den Zerfall Jugoslawiens produziert. Und 1988 haben Goldy und Paul Parin, zwei libertäre Sozialisten, die einst aus der Schweiz zu den Partisanen nach Jugoslawien gezogen waren, Klage geführt, daß in einem Staatsgebilde, »das vor mehr als vierzig Jahren aus dem antifaschistischen Kampf hervorgegangen war, eine faschistische Bewegung entstanden ist«. Das alles war beschwörend noch vor dem Bruderschlachten gesprochen, und doch hält sich bis heute außerhalb Jugoslawiens die Legende, dieses Reich der vielen Völker wäre auseinandergefallen, weil es den weltweit vereinten Feinden Serbiens danach gelüstete. Im Wunsch der Slowenen, staatliche Unabhängigkeit zu erlangen, ist gewiß jener wenig ehrenhafte Egoismus nicht zu unterschätzen, der auch in der reichen Lombardei (→ Lega Nord) und anderswo in Europa die Regionalisten (→ Regionalismus) von einem eigenen Staat, mit festen Grenzen gegenüber den Armen des vormals gemeinsamen Staates, träumen läßt. Und auch über die Motive manch kroatischer Nationalisten braucht man sich keine Illusionen zu machen. Aber der Zerfall Jugoslawiens wurde anderswo in die Wege geleitet, und er hat eine Vorgeschichte, die weiter zurückreicht als in die Jahre, da in Slowenien und in Kroatien der Wunsch nach Sezession immer weitere Teile der Bevölkerung erfaßte. Wer sich nach dem alten Jugoslawien sehnt, sollte wissen, wie es zugrunde gerichtet wurde, denn die hehren Ideen bleiben von dem, was aus ihnen gemacht wird, nicht unversehrt.

KONGRESS

An nichts ist Europa so reich wie an Kongressen, die Europa schon im Titel anrufen und der → Identität der Europäer gelten, worunter der Kongreß etwas Gutes versteht, der Rückkehr des → Nationalismus, die ihm verständlicherweise gefährlich erscheint, der »größeren → Heimat Europa«, welche auf dem Kongreß wiederum höchst vorteilhaft abschneidet, wenigstens dort. Der Weg in das Vereinte Europa der Wirtschaftskapitäne war mit den Kongressen der Meisterdenker gepflastert, die von einem Europa der Kultur schwärmten, indes jenes der Konzerne gebaut wurde, und die heute, da sich ihr Europa unromantisch als riesige Freihandelszone verwirklicht, mahnend die Stimme auf die versammelten Auditorien der Zerknirschung niedersinken lassen, daß Europa doch nicht bei der ökonomischen, bürokratischen und bald schon militärischen Einheit stehenbleiben dürfe, sondern endlich zur kulturellen zu reifen habe. Vordenker, die hechelnd hinterhereilen und jene Utopien träumen, die ihnen die Mächte des Faktischen vorgeben, sind die Konreßintellektuellen kühn bemüht, der Avantgarde den Rang als Nachhut zu sichern, und sie werden nicht aufhören sich zu wundern, daß sie damit so wenig Widerspruch ernten.

Einer der schönsten dieser Kongresse fand im

Sommer 1991 in Prag statt. Geladen hatte mit Václav Havel ein verehrungswürdiger Mann, den indes die Unbeugsamkeit, mit der er in finstren Zeiten den Drangsalen wie den Verlockungen der Macht widerstand, nicht davor zu schützen vermochte, später als einer der ausdauerndsten Kongreßeuropäer rund um den Erdball zu ziehen und enorm viel Blech als Konferenzgold daherzuschwafeln. In jenem Sommer zu Prag ging es natürlich, worum es seither zu gehen pflegt, um die Zukunft Europas, der Kultur, Freiheit usw. usf. Mitgerissen vom intellektuellen Stillstand, der sich im Prager Kulturpalast ehrfurchtheischend darbot, rief der französische Präsident Mitterand der erlauchten Hundertschaft von angetretenen europäischen Intellektuellen zu: »Die Geschichte Europas wird ihnen einmal dankbar sein«, und es ist zu fürchten, daß er jene, denen die Gegenwart notorisch entgleitet, mit dem Dank der Geschichte keineswegs ironisch trösten, vielmehr pathetisch in ihrem Tun und Trachten bekräftigen wollte. Indes der französische Präsident sich mit symbolischem Geleit der Kongreßintellektuellen bereits auf dem langen Weg in die Geschichte befand, dorthin, wo allein Wahrheit und Gerechtigkeit wachen, in den Pantheon, irrte sein Kulturminister Jacques Lang noch etwas desorientiert auf dem Prager Kongreß herum und fragte schließlich einen französischen Botschaftsangestellten mit verbürgter Verzweiflung:

»Parlez vous tchécoslovaque?« Der aus einem klassischen Nationalstaat angereiste Minister setzte voraus, daß sich Sprache und Territorium (→ Weltsprache? Muttersprachen!, → Sprachpolizei) auch sonst überall in Europa decken und die Staatsbürger der Tschechoslowakei, die er soeben als potentielle Europäer entdeckt hatte, naturgemäß »tschechoslowakisch« sprechen müßten. Wie es ihn überrascht hat zu erfahren, daß in diesem Staat Tschechen und Slowaken lebten und Wert auf ihre zwei verwandten, doch verschiedenen Sprachen legten, so haben sich damals auch viele verwundert gezeigt, daß die über zwanzig Millionen Bewohner → Jugoslawiens nicht das »Jugoslawische« als ihre Muttersprache pflegten. Aus solchen Staaten kann ja nichts Rechtes werden!

Die Klage, daß Europa mit verschiedenen Zungen spreche, kehrt denn auf den Kongressen häufig wieder und kippt, wenn die aus den westlichen, demokratisch gefestigten Staaten angereisten Teilnehmer schier verzweifeln, meist in deren inständige Aufforderung an das Plenum, sich der leichteren Verständigung wegen doch gefälligst in einer ihrer westlichen Sprachen zu unterhalten, schließlich wäre man unter zivilisierten Menschen weißgott darüber hinaus, sich gegenseitig im Nationalismus übertreffen zu müssen. Wenn Jacques Lang indigniert nach jemandem suchte, der dieses unverständliche »Tchéchoslovaque« beherrsche, ohne dazu durch seine Herkunft verdammt zu sein, so zeigt uns dies, daß selbst die Arroganz mit der Arglosigkeit sich verschwistern kann. Indes sie von der kulturellen Konföderation Europas schwadronieren, wissen die westlichen Euphoriker fast gar nichts von den Ländern, die sie hochgemut ihrem Kontinent der Kultur zuschlagen, was von den ökonomischen Strategen, die genau diese Länder von ihrem gemeinsamen europäischen Markt auszuschließen trachten, wieder nicht gesagt werden kann.

Die einen im Westen wissen vom Osten in bester Absicht gar nichts, die anderen mit bösem Vorsatz immerhin einiges; die einen gemeinden kulturell ein, wofür sie sich bisher nicht im geringsten interessiert haben, die anderen schließen ökonomisch aus, was sie nach eigenem Nutzen haben prüfen lassen und für nicht profitabel halten. So wirken Kultur und Ökonomie einmal segensreich zusammen, wenn auch absichtslos und aus durchaus gegensätzlichen Motiven. Man sollte einen Kongreß darüber abhalten, ob es sich bei dem Phänomen, daß die Verfechter der Kultur in der schönen Ahnungslosigkeit, die Vertreter des Geschäfts aber in der illusionslosen Berechnung zu Hause sind, um ein spezifisch europäisches handelt, und was daraus die anderen Erdteile lernen könnten.

Wie es der Teufel will, ist auch die Kultur nicht gratis zu haben, und darum kosten Kongresse, je näher den Metropolen unserer Zivilisation sie angesiedelt und um so bekannter die Vorträge sind, die dort gehalten werden, schon eine Stange Geld. Folglich ist die Wirtschaft, deren Dominanz auf den Kongressen beklagt zu werden pflegt, fortwährend aufgerufen, diese zu finanzieren, was sie in der Regel auch gar nicht ungern tut, denn das Wesen des Marketing will, daß es gleichgültig ist, in welchem Zusammenhang ein Firmenname genannt wird, ob als Sponsor einer Veranstaltung, auf der sich die fröhliche Wirtschaftsfeindlichkeit austoben darf, oder eines Kongresses, der die prinzipielle Ununterscheidbarkeit von Kunst und Kommerz empirisch beweist. Es ist, wie das Gewäsch, das sich auf solchen Kongressen diskursiv ergießt, völlig gleichgültig, ob die kulturelle Niederlage, die der ökonomische Einigungsprozeß bisher jedenfalls darstellt, von den Kultureuropäern melancholisch betrauert, also immerhin zur Kenntnis genommen oder aber von ihnen mit vielen schönen Worten dreist wie dumm geleugnet wird. Tatsache ist, daß die leidenschaftlichsten Propheten europäischer Kultur mit ihren Visionen jämmerlich den Bürokraten und Wirtschaftsplanern hinterherjagen, deren forsche Unbedenklichkeit, Europa ganz nach ihrem Maß zu organisieren, sie rituell kritisieren.

Indes im reichen Zentrum Europas keine Tagung ohne kommunale und staatliche Subvention, ohne privates Sponsoring mehr geplant werden kann, ereignet sich weitab der medialen Aufmerksamkeit und der kommerziellen Verwertung, irgendwo an den aufgerissenen Rändern Europas, manches Kongreßwunder. Wie jenes von Senyje, hunderte Kilometer von befahrbaren Autobahnen und funktionierenden Eisenbahnverbindungen entfernt, an der Grenze von Weißrußland, Litauen und Polen, einem von alters her verdammten Landstrich. Ein Mann namens Krysztof Czyzowski lädt gut hundert Menschen aus verfeindeten Ländern wie der Ukraine und Rumänien, Kroatien und Serbien ein, eine mehrere Tage während Anfahrt auf sich zu nehmen und an diesem Ort, den kein Reiseführer je verzeichnet hat, über die so oft verletzte, noch immer nicht völlig zerstörte Vielvölkerwelt der Bukowina zu sprechen, über eine jener Kulturlandschaften des alten Europa also, die von so vielen verschiedenen Völkern besiedelt wurde wie dies heute keine Großstadt des neuen Europa mehr verkraftet, ohne daß ihre Bewohner sich im alltäglichen Bürgerkrieg die Häuser anzuzünden begännen. Und sie kommen, in klapprige Autos gezwängt, die die holpernde Fahrt geradezu wundersam überstehen, mit Bussen, die abenteuerlich über die Steppe schaukeln, sie kommen mit all ihrem beachtlichen Wissen und der Sehnsucht, teilzuhaben an einem geistigen Austausch über die neuen staatlichen → Grenzen und die alten nationalen Ressentiments hinweg. Und der Kongreß tagt und nachtet, dort, wo das prächtige und mächtige Europa unendlich fern ist, in Senyje.

KURVA, polnisch

Wenn man auf der Straße geht und vor sich einen gutgekleideten, distinguierten Europäer in den besten Jahren, sagen wir einen mittleren Staatsbeamten, drei erwachsene Kinder, zwei Hobbys: Fischen und englische Spionageromane, eine reizende, zur Migräne neigende Ehefrau, mit einem gleichermaßen kultivierten Alters- und Standesgenossen so reden hört: »Auf die neue Polstergarnitur für mein Büro, verdammte Hure, warte ich jetzt vier gezählte blutige Wochen, es geht aber wirklich auch gar nichts weiter mit der elendigen Hurerei«, dann sollte man sich nicht wundern, nur darauf besinnen, daß man in Polen ist. Mit dieser Behauptung möchte ich nun weder suggerieren, daß die anderen europäischen Sprachen (→ Weltsprache? Muttersprachen!) ausnahmslos von empfindsameren Menschen als unseren beiden Mittelschichtspolen gesprochen werden, noch daß der Beitrag Polens zum Neuen Europa in dem zu jedem Anlaß und für wirklich jeden Wechselfall des Lebens angewandten Wort »Kurva« besteht. Da wäre gewiß eher an den großen Politiker zu denken, der als Papst eine unerhörte Wirkung auszuüben weiß, oder an die stolze Solidarność, deren Ruhm ein eigenes Blatt in jeder Enzyklopädie Europas wahrlich verdiente. Daß mich da ja keiner mißverstehe, Hurensack vernäher! In der in der Alltagssprache schier omnipräsent gewordenen polnischen Kurva konzentriert sich vielmehr die unerhörte sprachliche Verrohung, die das Polnische, aber auch manche andere Sprache zumal aus dem ehemaligen Ostblock ergriffen hat.

Die Kurva, muß gesagt werden, wird längst nicht mehr als grobes Schimpfwort herbeizitiert und firmiert auch keineswegs als herzhafter Fluch, sondern stellt ein völlig sinnloses, jeden konkreten semantischen Gehalts entleertes Füllsel dar, das der Bekräftigung des Gesagten dient oder anstelle einer Pause gesetzt wird, die man nicht zum Atemholen benötigt, sondern, beispielsweise, zum raschen Überdenken eines besprochenen Sachverhalts. Hat es also auch gar nichts Bestimmtes zu bedeuten, wenn die Kurva sprachlich fortwährend beschworen wird, so ist es doch ganz bestimmt nicht bedeutungslos, daß wir ihr gerade jetzt so häufig begegnen. Sprachliche Verrohung meint nun nicht, daß etwa im Rumänischen, das für eine ähnliche Entwicklung berüchtigt ist, neue Wörter und Wendungen gefunden werden, an denen gewissermaßen der Untergang der Sprachkultur abzulauschen wäre; nein, die Worte und Wendungen sind ja bekannt und haben für sich, da doch jede Sprache ihr Vokabular nicht nur für den Feiertag und den Alltag, sondern auch für den groben und den unflätigen Tag haben muß, auch von alters her ihre Rolle gespielt. Jetzt aber werden sie nicht mehr schöpferisch als Grobheiten geäußert, sondern absichtslos als Standardsprache verwendet.

Dieser Prozeß der verbalen Verrohung, der die rohen Verhältnisse widerspiegelt, zugleich aber auch miterschafft, ist schon in den Jahren des realen Sozialismus beobachtet und kritisiert worden; seitdem die Länder des abgeblockten Ostens von einem gewaltigen Sog der Amerikanisierung ergriffen worden sind, hat die Mechanik der permanenten Vergröberung unerwarteten neuen Schwung erhalten; sie hat als häßliche Frucht der alten Verhältnisse die Wende nicht nur überstanden, sondern sich den neuen flott adaptiert, bloody shit. Was roh ist, darüber müssen wir uns klar sein, wird morgen noch roher sein, und mit jeder Grobheit, die aus dem Keller der Sprache in den Salon übersiedelt, wird die Phantasie neue Grobheiten ersinnen müssen, damit man den Keller nicht womöglich leergeräumt findet, wenn man eines Tages ein schönes Stück aus ihm holen geht. Und keine → Sprachpolizei, weder Verordnungen zum Gebrauch sittlicher Worte noch fromme Lehrgänge über das Vermeiden sprachlicher Rohheiten, werden daran etwas ändern können. Eher werden sich die vereinigten Mädchenhändler aller Nationalitäten, die heute den gemeinsamen europäischen Markt mit der Ware Ostblock-Kurva beliefern, freiwillig aufs Altenteil zurückziehen, als daß die Verhurung der europäischen Sprachen aufzuhalten wäre: Dafür sind die Zuhälter des Worts zu zahlreich und zu mächtig, und wahrlich, nur die wenigsten von ihnen erkennt man daran, daß sie unflätige Worte im Munde führen, unzählige aber besorgen wohlerzogen ihr Geschäft, indem sie Unflat aus allen ihren Kanälen fließen lassen.

LEGA NORD, italienisch

Die aus der lombardischen Liga hervorgegangene Lega Nord ist bisher meist als Produkt spezifisch italienischer Verhältnisse gesehen worden, als kuriose urbanistische Bewegung, die in den reichen norditalienischen Städten das Ressentiment der Mittelschicht organisiert und deren wirtschaftlichem Egoismus eine politische Fassung gibt. Aber so folkloristisch verlogenen Zauber sie auf ihren Massenveranstaltungen auch abzubrennen weiß, ist sie doch kein italienisches Phänomen, das in die Vergangenheit weist, sondern ein europäisches, dem wir in Zukunft unter vielen Namen und allerlei Kostümen aus dem Fundus der Historie überall auf dem Kontinent beggnen werden.

Die Sezession vom italienischen Nationalstaat, wie ihn die Leghisti 1996 proklamiert haben, indem sie die Republik Padanien ausriefen, ist somit nicht nur ein makabrer Scherz, mit dem sich diese fanatischen Religionskrieger, die hemmungslos dem Abgott der Raffgier verfallen sind, auf ihrem langen Marsch bei Laune halten möchten. Als solcher bräuchte die martialische Ankündigung der Leghisti, vom Apennin zu den Alpen, von Genua nach Triest, einen zweiten italienischen Staat der Reichen zu gründen, nur die italienischen Nationalisten zu kümmern, denen ihr teures Vaterland von Sizilien bis in den Friaul reicht. Doch ist die Repubblica Padana eben nicht nur ein Scherz, über den man in Mailand lachen mag, sondern Menetekel für Europa, ein Zeichen an der Wand jenes Gebäudes, das rasch hochzuziehen offenbar ein Abrißunternehmen beauftragt wurde und für das sich bei den vereinigten Schwätzern des Kontinents der selbst wiederum unfreiwillig ironische Name »europäisches Haus« eingebürgert hat.

Was ist an einer politischen Bewegung so zukunftsweisend, die sich geradezu karikaturhaft der äußeren Symbole bedient, unter welchen sich einst die längst zerfallenen mittelalterlichen Kommunen gesammelt hatten? Und in welchen ihrer lokalpatriotischen, selbstbewußt auf die Enge des regionalen Ressentiments bezogenen Vorstellungen würde sich gar eine europäische Perspektive öffnen? Nun, mit Padanien sind nicht nur die Ebenen des Po, die »pianura padana« gemeint, denen die imaginäre Republik ihren altertümelnden Namen verdankt, sondern jene italienischen Regionen von Piemont über die Lombardei nach Venetien, die zu den reichsten, wirtschaftlich produktivsten Zonen Europas gehören. Das Triveneto, das den Veneto um Venedig, Trient-Südtirol und den Julisch-friulanischen Raum von Udine umfaßt, hat, was das Bruttosozialprodukt anbelangt, sogar die wirtschaftlich stärksten Bundesländer Deutschlands überholt. Bei soviel Reichtum wächst dort, wo er zu Hause ist, ein ganz neues Gefühl von Zusammengehörigkeit, von

→ Identität, die sich nicht mehr in einem großen Staat aller Italiener behütet weiß, sondern, sich zu schützen, die → Grenzen enger ziehen möchte; so eng, bis sie nur mehr jene Regionen umschließen, die vom gleichen Reichtum geprägt sind und mit denen man ihn daher auch nicht teilen muß, sondern mehren kann. Die Lega Nord mit ihrem Traum von der Republik Padanien ist eine besonders krasse Form des modernen → Regionalismus, der sich gerne bewahrend gibt, in Wahrheit aber gewachsene Strukturen zerschlagen möchte, um alles aus dem Weg zu räumen, was den regionalen Egoismus daran hindern könnte, sich ungehemmt zu entfalten.

Je rücksichtsloser solch entfesselter Regionalismus sich über Traditionen hinwegsetzt, um so sentimentaler beschwört er diese Traditionen in der Form politischen Kitsches. Dem überkommenen → Nationalismus war der große Raum teuer, die Vorstellung des weitausgedehnten, viele Millionen Menschen umfassenden, mächtigen Nationalstaates. Dem zeitgemäßen Regionalisten sind solche Ziele fremd, weil er in den Armen, sozial Benachteiligten des großen Vaterlandes längst nicht mehr den Angehörigen der gemeinsamen → Nation zu erkennen bereit ist. Die Gemeinschaft, auf die es ihm ankommt, weil auch er schließlich nicht alleine reich werden und bleiben kann, ist nicht die große, in Regionen und Klassen zerfallene Nation, das teure Vaterland, der mächtige Staat, sondern die seiner eigenen Steuergruppe.

Tatsächlich steht am Anfang und am Ende regionalistischer Bewegungen wie der Lega Nord oft die Steuerrevolte einer privilegierten Schicht, die sich ihren Reichtum so innig und geradezu körperlich anverwandelt hat, daß sie die Steuerabgaben als schmerzenden Aderlaß, als eine Form staatlich erzwungener Monatsblutung empfindet. Der Reichtum, der in Padanien erwirtschaftet wird, soll auch in Padanien bleiben, so einfach wie eingängig ist die Lehre, die diese Leghisten aus der Lombardei, aus Dänemark, Flandern, Katalonien oder sonstwo anzubieten haben. In der Aufkündigung jeden Zusammenhalts, der über den aktuellen ökonomischen Nutzen hinausgeht, liegt natürlich gerade für jene Staaten ein immenses Risiko, deren Zusammenhalt immer schon ein prekärer war, also für Länder wie Belgien oder Italien, wenngleich keineswegs nur für diese.

»Christus kam nur bis Eboli« hat vor Jahrzehnten der italienische Schriftsteller Carlo Levi ein Buch benannt und schon im Titel kritisiert, daß es in Italien zwei Welten gibt, die rettungslos in Armut und paternalistische Korruption niedergedrückte des Südens und die wohlhabende des Nordens, zu deren Reichtümern auch die Zivilisation gehört. Was Levi empört feststellte, den Padaniern von heute ist es selbstzufriedenes Argument, die reale Existenz von zwei Italien auf der einen Halbinsel des Apennin endlich etatistisch abzusichern: auf daß der Norden gar nichts mehr von seinem Wohlstand an den Süden, an das Stück Afrika in Europa, an das verbrannte Land der »terroni« und »cafoni«, der elenden Steinefresser abgeben müsse.

Natürlich ist der Wohlstand des Nordens in Italien die längste Zeit durch die Armut des Südens nicht gemindert, sondern gemehrt worden. Die billigen Arbeitskräfte, die über Generationen die Lombardei, das Piemont zu industriellen Musterregionen ausbauten, waren stets aus dem Süden gekommen, verachtet und benötigt wie die Arbeitsemigranten des Südens überall in Europa, Gastarbeiter im eigenen Land. Nicht der wahnwitzigste Egoist des nördlichen Reichtums wäre damals der Idee verfallen, die aus dem Süden kommenden Arbeiter ab- und sie einem anderen Staat zuzuweisen. Wenn sich die Republik Padanien jetzt süditalienerfrei setzen möchte, ja unter dem Banner Mitteleuropas die Nähe zu Bayern, Österreich, selbst zum aufstrebenden Slowenien betont, dann wagt sich solcher von allerlei rassistischen Exzessen erregter Hochmut nur deswegen zu äußern, weil der ökonomische Wert der ungeschulten Arbeitskräfte aus dem Mezzogiorno drastisch gesunken ist. Wie Bayern ist auch die Industrieregion Norditaliens ein Land von High-Tech und hochspezialisierter Arbeit, für die der klassische Arbeiter des Südens immer weniger gebraucht wird. Was auf internationaler Ebene Brauch ist, ebendas möchten mit den italienischen Leghisti viele verwandte politische Bewegungen in ganz Europa erreichen: daß die fungible Arbeitskraft, wenn sie nicht mehr benötigt wird, wieder über die Grenzen zurückgedrängt werden kann – und sei es, daß dafür neue Grenzen, die mitten durch die alten Reiche oder Staaten schneiden, geschaffen werden müssen. Auch im Zerfall → Jugoslawiens, der freilich hauptsächlich durch den serbischen Nationalismus verursacht wurde, hat das Motiv des wirtschaftlichen Egoismus, der die reicheren Republiken den Weg der Separation gehen hieß, eine bedeutende Rolle gespielt. Es müssen sich die neuen Wirtschaftseinheiten, deren Umrisse da und dort zu erkennen sind, längst nicht immer nach dem blutigen Szenario des zerfallenden Jugoslawien formieren, doch indem sich Europa zur Union zusammenschließt, produziert es jedenfalls zugleich den Zerfall.

Regionen, Bundesländer, Teilrepubliken, Städte entdecken, daß es für sie lohnt, wenn sie sich unmittelbar an Europa orientieren und gleich nach dem Binnenmarkt der Union streben, ohne dafür noch länger den Umweg über den kleineren Markt und den sozialen Zusammenhalt des überkommenen Staates und seiner Nation in Kauf zu nehmen. So können sie sich vorurteilsfrei und zivilisiert geben, frei von nationalem Dünkel; wer sich in ihrer Sprache, der des Geldes, mit ihnen von gleich zu gleich unterhalten kann, der ist ihnen allezeit willkommen, woher und wer er im übrigen auch sei, als → Fremder verdächtig, ja verhaßt ist ihnen einzig der Arme, und wäre er aus dem eigenen Land.

Dante hat sie alle schon gekannt, diese vereinigten Padanier Europas, und im vierten Kreis der Hölle gesehen, wie sie ihr Erzübel, die Habgier, sühnen, indem sie sinnlos dahineilend unablässig Lasten wälzen müssen, wie mit Peitschen für alle Ewigkeiten angetrieben von der Frage ihres Daseins: »Was raffst du?«

MOBILITÄT

Über Millionen ist sie verhängt, als Zwang ihres Lebens, doch die sich ihr fügen, verheißt sie die Freiheit. Wer sie erleidet, nennt sie nicht beim Namen, der gepriesen wird von jenen, die sich in ihrem Besitze bloß wähnen. Über Jahrtausende war die Mobilität kein Gut, das es zu erstreben galt, keine Verheißung von Freiheit, die sich einer im Auto erfährt, im Erwerbsleben erarbeitet, in seinen sozialen Beziehungen erkämpft, sondern das Wesen der Macht, unter die er sich gestellt fand.

Die Fähigkeit, Menschen, Pferde, Gerätschaften von einem Ort möglichst schnell an den anderen bewegen zu können, in dieser Befehlsgewalt, Menschen mit und ohne ihre Habe und auch gegen ihren Willen von da nach dort zu zwingen, bestand die Macht. Mächtig war, wer über kleine Truppen oder große Armeen, einzelne Bauernsippen oder ganze Völkerschaften so verfügen konnte, daß er sie unter Mißachtung all der Hemmnisse, die ihm die Natur, das Klima, die Traditionen entgegenstellen mochten, dorthin befehlen konnte, wo er sie brauchte: als Soldaten, Siedler, Kanonenfutter, Huren was immer. Im Zweiten Punischen Krieg wußte Hannibal das alte Rom zu besiegen, weil er im Winter mit 50 000 Kriegern, 10 000 Reitern und 37 Kriegselefanten überquerte, was nach aller Voraussicht für solche Massen nicht zu überqueren war: die unwegsamen Pyrenäen und die verschneiten Alpen. Daß Großfamilien genötigt wurden, ihre Höfe zu verlassen und sie anderswo wieder aufzubauen, wo sie dem Grafen, Herzog, Erzbischof nützlicher waren; daß mittlere Dörfer verlassen wurden, damit Landstriche, die verödet lagen, weil ihre angestammte Bevölkerung geflohen, davongejagt war, mit neuem Menschenmaterial besiedelt werden konnten; daß schließlich ganze Nationalitäten in den Aufbruch gezwungen und um Hunderte Kilometer versetzt wurden – das alles ist in der Geschichte stets der europäische Brauch gewesen.

Wie untrennbar Macht und Mobilität zusammengehören, klingt noch im militärischen Begriff der Mobilisierung an. Da mag es nicht irritieren, daß ein zusammengesetztes Wort, mit dem der Krieg üblicherweise begann, die Mobilmachung, von der Autowerbung nur aufgetrennt und umgedreht zu werden brauchte und schon war aus der Anordnung, für den Tod bereit zu sein, ein Versprechen geworden, die Freiheit zu erringen (die bekanntlich, so der Europäer des Anfangs, Lukrez, ohnehin allein im Tode gesichert ist): Der neue GTI macht mobil!

Über die längste Zeit unserer Geschichte war Mobilität nichts, das mit Freiwilligkeit zu tun hatte, wurde sie doch entweder von den Mächtigen aufgezwungen oder von der drückenden Not einer Region erzwungen. Eine zeitgenössische Form der

Mobilität ist die sogenannte ethnische Säuberung, die große Bevölkerungsgruppen eines Gebietes zwingt, aufzubrechen und sich auf eine Wanderung zu begeben, deren Ziel ungewiß ist. Ein Flüchtling ist also ein Mensch, der unter den Druck unfreiwilliger Mobilität geraten ist; das hat er mit dem Arbeitsemigranten gemein, dem freilich die Würde, daß er sich als Opfer von Verfolgung auf den Weg gemacht hat, gerne abgesprochen wird, auf daß er von dort, wo er sich durch seine Arbeit eine neue Existenz aufgebaut hat, bei Bedarf umso leichter wieder fortgeschickt werden kann. Im »Wirtschaftsflüchtling« sind sinnfällig der Flüchtling, welcher immer unwillkommen ist, und der Arbeitsemigrant verschmolzen, der eine Zeitlang höchst willkommen sein mag, gegen den aber seine Absicht spricht, sich in dem von ihm mitgeschaffenen Wohlstand womöglich auch selber heimisch zu machen.

Von dem Flüchtling, der bei Gefahr des Lebens mobil werden muß, dem Arbeitsemigranten, der um der Aussicht eines besseren Lebens willen mobil wird, und dem modernen Arbeitnehmer, der bei Gefahr dieses höheren Lebensstandards mobil zu sein hat, unterscheidet sich der Tourist, der sich periodisch in einer freiwilligen Mobilität erprobt. Auf geschützte Weise sucht der Tourist über einen bestimmten Zeitraum – Urlaub genannt – zu erleben, was der Flüchtling fortwährend gerade als Schutzlosigkeit über sich verhängt sieht: den Status des

→ Fremden. Für diese Erfahrung der Mobilität ist er bereit, sich in sein Automobil zu setzen und einen Teil seiner freien Zeit an den Stau zu binden, oder mit dem Flugzeug in andere Weltregionen zu fliegen, um im Vollzug der ihm gewährten Mobilität die Fremdheit zu erproben.

In den letzten 200 Jahren hat sich aber etwas zuerst langsam verändert und dann rasant zersetzt, was früher jedem selbstverständlich war, der sich auf Wanderschaft begab oder eine Reise antrat, und heute nur mehr im Mythos der Reise gegenwärtig ist: die schlichte Tatsache nämlich, daß jede raumgreifende Bewegung, die fort von dem einen und hin zu dem anderen Ort führt, einen Beginn, einen Weg und ein Ziel hat. In den Reisebüchern aus alten Zeiten kann man lesen, wie innig und bewußt den Reisenden von einst diese Triade war: der Abschied, der Weg, die Ankunft – alle drei hatten sie gewissermaßen ihre eigene Kunst, die Kunst, Abschied zu nehmen und aufzubrechen, die Kunst, den Weg als das Wesen der Reise zu erleben, die Kunst, in der Fremde anzukommen. Mit der Erfindung des neuzeitlichen Verkehrswesen bricht diese Triade im 19. Jahrhundert zusammen, indem sie zuerst den Weg mit seinem Erlebnis der Zeit abschafft. Seitdem mit dem Zug gefahren werden kann, ist die Reise nicht mehr, was sie mit der Kutsche war; seitdem mit dem Flugzeug geflogen werden kann, ist die Reise nicht mehr, was sie mit dem Zug war. Das gilt noch für den Glücklichen, den seine Flugangst davor bewahrt, in eine solche Maschine zu klettern, denn der Prozeß der fortwährenden Beschleunigung verändert auch ihn, der sich ihm zu entziehen sucht, und so tun die Reisenden im Zug nichts lieber als zu schlafen, weil sie die Zeit im Zug nicht mehr als langsame Veränderung der Welt und ihrer eigenen Existenz darin erfahren, sondern als tote, vergeudete, langweilige Zeit, von der sie, wenn sie sie wahrlich bewußtlos verbracht haben, rühmend anmerken, sie wäre ihnen, ausgerechnet, wie im Flug vergangen.

Wenn Mobilität bedeutet, Entfernungen zu überwinden, die räumliche Distanz aufzuheben, dann verändert sich die Mobilität, sobald diese Entfernungen nicht mehr existieren und das Ferne ganz nahe heranrückt. So sind auch die Flugzeugreisen nicht mehr das, was sie einmal waren, ehe Satelliten um die Erde rasten; und erst recht die Vernetzungen der Computer haben das, was Mobilität ist, rigoros verändert. Die reale Möglichkeit, binnen Sekundenbruchteilen mit den Datenbänken der ganzen Welt verbunden zu sein und sich in kommunikative Prozesse einzublenden, die sich Tausende Kilometer entfernt abspielen, läßt das Nahe und das Entlegene in eins fallen; ihr Gegensatz, den es einst durch körperliche Mobilisierung zu überwinden galt, wird technisch aufgehoben. Der nächtliche Blick über unsere Wohnviertel zeigt uns lauter kleine, voneinander abgeschlossene, bläulich schimmernde Welten, in denen ein jeder von seinem nächsten Nachbarn getrennt und dabei doch mit ihm an die gleiche Ferne angeschlossen ist. Alle denken und fühlen dasselbe, aber jeder denkt und fühlt es für sich; der → Nachbar, den er jeden Tag auf der Treppe trifft, ist ihm fremd, mit der aus dem Äther gesandten Gestalt aus dem Fernsehen lebt er in einer keuschen Intimität, die zu jeder Schamlosigkeit bereit ist, zusammen.

Wer die Mobilität der Menschen erzwingen kann, hat die Macht; wer sie erleidet, wie die → Opfer der ethnischen Säuberungen, der ist machtlos; wer die Mobilität, wie sie das Computer-Zeitalter als ihr gemäße schafft, organisiert, der wird herrschen. In der Telekratie erreicht die auf Mobilität gegründete Macht ein neues Niveau, und wieder rühmt sich eine Despotie, die Demokratie zu vollenden. In der Telekratie implodiert die Mobilität, indem sie die alle Tage mobilisierten Menschen zu unheilbaren Zuschauern macht, die überall sind und zugleich nirgendwo, körperlich abwesend und seelenlos zugegen.

NACHBARN

Was Nachbarn voneinander halten, kann man alle Tage im Kriminalteil der Zeitungen lesen. Wie benachbarte Völker einander schätzen, zeigt ein Beispiel aus der angewandten Zoologie. Die Küchenschabe aus der Familie der Blattarien ist ein wissenschaftlich gut erforschtes, von den Menschen im allgemeinen wenig geliebtes und gröblich unterschätztes Tier, das, so unscheinbar, ja unansehnlich es ist, über erstaunliche Fähigkeiten verfügt. In Notzeiten sind die Weibchen in der Lage, pro Saison bis zu 400 000 Eier zu legen, aus denen nach kurzer Frist fertig entwickelte Küchenschaben schlüpfen, die sich sogleich nach munterer Schabenart in der Welt zurechtfinden und bei Gefahr mit enormer Geschwindigkeit durch den Raum, etwa ein Badezimmer, in dem eine angewiderte Hausfrau besenschwingend naht, von einer Ecke in die andere flitzen. Auf bewundernswerte, geradezu mystische Weise vermögen die Populationen der Blattarien untereinander ein kommunikatives System von Warnungen und Empfehlungen aufrechtzuerhalten, mittels dessen sie Massen von Artgenossen in ein, beispielsweise wegen angenehmer Feuchtigkeit oder reichlich vorhandener Nahrungsreserven unter ihresgleichen für interessant geltendes Revier herbeirufen oder aber vor einem gefährlichen, weil von zu vielen Besen, Schläuchen, auf die Fliesen knallenden Hausschuhen gewitterartig heimgesuchten, warnen. Die Schabe hat schon einige hunderttausend Jahre, ehe der Mensch sich aufrichtete, die Erde als die ihre empfunden, sich allen natürlichen Klimaveränderungen wie chemischen Insektenvertilgungsmitteln gewieft angepaßt und wird noch unermüdlich fortfahren, sich die Erde untertan zu machen, wenn der Mensch mit seinem Versuch, gleiches zu tun, schon ein paar hunderttausend Jahre abgetreten sein wird. Kurz, die gemeine Schabe, einer unserer zähesten Nachbarn, ist ein widerliches Getier, dessen häßlicher Anblick allein die Menschen seit je mit Ekel und Wut erfüllt. Links des Rheins, in Frankreich, heißt die Küchenschabe übrigens »Preußenschabe«, indes sie im deutschen Rheinland, rechts des Flusses, umgekehrt schlicht auf »Franzose« hört. Im Osten Deutschlands ist das polyglotte Tier als »Russe« bekannt, indes es östlich von Deutschland gerne als »Schwabenschabe« auftritt. In Italien wiederum wetzt das hinterhältige Tier als »blattella tedesca« ungleich wendiger als die touristi tedeschi durch die Gegend. Wie die Küchenschabe in Spanien heißt, habe ich nicht ermittelt, ich nehme an, die Portugiesen würden sich ihren Namen leicht merken können. So viel zur Frage der guten Nachbarschaft in Europa.

NATION

Nationen sind nicht unbedingt das, wofür sich zivilisierte Europäer unserer Zeit besonders erwärmen möchten, zu viele Verbrechen wurden gestern dem nationalen Ruhm und Reichtum, der teuren Erde und Ehre des Vaterlandes wegen begangen und zu viele Kriege ertrinken noch heute auf den Schlachtfeldern im Blutrausch des → Nationalismus. Und selbst dort, wo die Nation gezähmt erscheint, zur Zivilisation domestiziert, haftet dem innigen Gefühl für sie etwas dünkelhaft Borniertes und Enges an, es ranzt heftig nach Trachtenjungfern und Fahnenweihe, erregt sich kühn zum Stolz auf eigene Hymne und nationale Bierproduktion empor. So sich das Geschwätz vom Selbstbewußtsein oder der Würde der Nation irgendwo in Europa erhebt, höhnen daher die aufgeklärten Geister, daß dieser Glaube an die eigene Nation universeller Humbug sei, zumal die Nationen selber ja nichts als Erfindung wären. Daran ist richtig, daß die Nationen tatsächlich allesamt irgendwann erfunden wurden, was übrigens nicht nur für die frechen kleinen, vormals gänzlich unbekannten Nationen von den Abchasen zu den Tschuwaschen gilt, von denen wir zumeist erst erfahren, wenn sie sich in einem fernen Krieg zu ihrem nationalen Worte melden, und deren jähes Auftauchen wir gerne als historischen Widersinn, als barbarischen Separatismus abzutun pflegen. Geschichtliche Erfindungen sind nicht minder auch die großen Nationen, die nach sechzig, hundert, zweihundert Millionen Menschen rechnen und die ihre strahlende, in ihrer nationalen Geschichte niemals bedrohte Existenz selber für natur- oder gottgegeben erachten mögen.

Ja, natürlich sind alle Nationen Erfindungen, man kann am Blute eines katholischen Iren nicht nachweisen, daß er kein gottverdammter englischer Presbyterianer ist, nicht einmal, daß er kein muslimischer Albaner aus Kosova oder animistischer Zulu aus dem südlichen Afrika ist, ließe sich naturwissenschaftlich irgendwie erkennen. Sind alle Nationen Erfindungen, sind sie, einmal erfunden, doch sehr reale und wirkungsmächtige historische Gegebenheiten geworden. Wie die Menschen nicht feinsäuberlich nach Nationen gegliedert auf die Erde kamen, werden sie auch nicht bis ans Ende ihrer Geschichte nur diese eine Verbundenheit kennen, bestimmten Nationen zuzugehören. Fürs erste aber scheint es, als wäre der Tod der Nation in den letzten Jahrzehnten gleich wie das Ende der Geschichte doch ein wenig verfrüht ausgerufen worden, und das nicht nur, weil sich im Zerfall der Sowjetunion und → Jugoslawiens der Nationalismus bei manchen Nationen zurückgemeldet hat, die über ihn hinaus zu sein schienen; auch nicht nur, weil im Kollaps des realsozialistischen Staatensystems aberdutzende Völker auf die Weltbühne getreten sind, ihre nationalen Rechte zu fordern, von deren Existenz wir vordem gar nichts wußten; und auch nicht bloß, weil jetzt die auf europäischen Reißbrettern gänzlich beliebig gezogenen Staatsgrenzen der ehemaligen Kolonien von der Wirklichkeit allenortes blutig korrigiert werden. Nein, es sind weder die politischen Brandstifter alleine, die der Nation wieder ihre Bedeutung zukommen ließen, noch ist es die Not alleine, die so viele Menschen in den Nationalismus fliehen läßt, weil ihnen außer dem Stolz auf ihre kleine, jämmerliche, despotisch regierte Nation gar nichts anderes noch irgend Hoffnung verhieße. Nein, die Nation ist schlicht deswegen nicht in den prognostizierten und wohlverdienten immerwährenden Ruhestand abgestorben, weil sich für sie kein Nachfolger gemeldet hat, die Erbschaft anzutreten, und darum west sie dahin, mitunter zu ungesunder Lebendigkeit aufflackernd, jedenfalls kräftig genug, sich immer wieder vom Krankenlager zu erheben. Wie die Nation selber Ersatz für etwas war, das vor ihr da war, in einem langen, schmerzlichen Prozeß zerfiel und in seinem Faulen und Modern zum Humus der Moderne wurde, kann auch sie nicht einfach verschwinden, indem an ihre Stelle das Nichts, die Leere träte.

Die Nationen sind eine europäische Erfindung, was nicht heißt, daß sich die Nationen noch heute überall auf der Welt nach europäischem Muster bilden müßten. Das Christliche Europa, das über Jahrhunderte viele Völker unter einem Glauben versammelt hielt, war zugleich ein universales und ein für heutige Vorstellung unendlich aufgesplittertes Reich. Das Volk Christi sprach viele Zungen, aber das Schwert in der Hand wurde nur von einem Willen geführt. Es ist falsch, sich die mittelalterliche als eine gleichförmige Welt vorzustellen, die agrarische Kultur der kleinen Einheiten, der Dörfer, Landstriche, Regionen war vielmehr unübersichtlich, in unverbundene Parzellen zerfallen, von einer, nach heutigem Maßstab: eintönigen Buntheit, abwechslungslosen Vielfalt geprägt. Über dieser aufgesplitterten Welt wölbte sich einzig das Christentum als gemeinsamer Himmel jenseitiger und irdischer Macht. Die Welt heute ist gleichförmiger, und das ist Folge der Industrialisierung, die im Zerfall der europäischen Agrargesellschaften sich die europäische Erde untertan machte und im unaufhaltsamen Niedergang des Christentums einer neuen Religion zum Aufstieg verhalf. Der Gott dieser neuen Religion war die Nation.

Diesem Gott zu huldigen, ist Europa verschiedene Wege gegangen. In Frankreich, das fälschlich als Normalfall der Nationsbildung gesehen wird, war der zentrale Königsstaat vor der Nation da, die gewissermaßen als dessen Kind heranwuchs, um sich, kräftig genug geworden, bei erster Gelegenheit, die sich mit der Französischen Revolution bot, des Vaters zu entledigen und selber zum Herrn im Haus zu machen. In anderen Ländern, etwa in Italien, keimte zuerst in den verschiedenen Fürstentümern ein nationales Gefühl, wuchs zum Bewußtsein der Zusammengehörigkeit heran, das schließlich die Kleinstaaterei zertrümmerte, den Zusammenschluß auf größerer staatlicher Ebene vollzog, den heute, nach 150 Jahren wieder heftig befehdeten Nationalstaat der Italiener schuf.

Andere europäische Nationen sind auf dem Boden der übernational konzipierten Donaumonarchie erfunden worden; sie waren ein Sprengmittel, diesen vorgeblichen Völkerkerker in Trümmern zu legen und aus seiner Konkursmasse kleine Nationalstaaten zu formen, die allerdings selber sogleich Schwierigkeiten mit den auf ihrem Territorium angesiedelten anderen Nationalitäten bekommen und diesen manchenorts die nationalen Rechte rabiat streitig machen sollten. Sehr rasch sollte sich so erweisen, daß die nationale Emanzipation, wenigstens im mittel- und südosteuropäischen Raum, eine durchaus heikle Angelegenheit vorstellt, sobald diese nicht anders als in staatlichen Kategorien ersehnt und verwirklicht wird. Der Nationalstaat nämlich, der Nation und Territorium zur Deckung bringen möchte, bedeutet in diesem Raum nichts anderes, als daß die Rechte der einen Nation auf ihren eigenen Staat die Rechte der anderen, mehrerer anderer Nationen auf den ihren beschneidet. Statt zehn oder zwanzig könnten es unberufen vierzig Staaten sein, die sich zwischen Böhmen und Bulgarien konstituieren, und der Wahn, national einheitliche Gebilde zu erhalten, wäre noch immer nicht erfüllt. So unauftrennbar ist die nationale Verwobenheit der Völker im östlichen und südöstlichen Europa, daß noch die permanente ethnische Säuberung sie nicht auftrennen könnte; konsequenterweise müßte der Gedanke des Nationalstaates nicht nur manche Gebiete, sondern einzelne Städte aufsprengen, von den solcherart geteilten Städten in die Stadtviertel vordringen und zuletzt die einzelnen Straßenzüge verschiedenen Staatswesen zuweisen. Der Gedanke, daß die Emanzipation der Nationen immer zur Bildung eines nur dieser Nation eigenen Staates führen muß, ist freilich eine Zwangsvorstellung des Nationalismus und als solche keineswegs für die Nationen und ihre Angehörigen selber unausweichlich.

Im Europa von heute ist die prekäre Situation eingetreten, daß der Prozeß der Nationsbildung etwa im Südosten des Kontinents noch gar nicht abgeschlossen ist und sich übrigens just dort, wo diese Lösung am lebensfremdesten ist, der Vorstellung des National-Staates verschrieben hat, während im Westen Europas Tendenzen wirksam sind, eine Ära nach den Nationen, nach den National-Staaten zu begründen. So verschieden, wie es scheint, sind der Osten und der Westen aber nicht. Wie im Osten der Zerfall hereinbricht, indem immer neue Nationalitäten ihren eigenen Staat beanspruchen, bricht im Westen, im sich abzeichnenden Reich der Europäischen Union der Zerfall herein, gerade indem die übernationale Einheit durchgezogen werden soll. Reiche Regionen, die vormals in Nationalstaaten integriert waren, wie etwa die norditalienischen Provinzen der imaginären Repubblica Padania (→ Lega Nord), suchen sich aus dem nationalen Verband zu lösen, brechen aus der auch durch gemeinsame Leistungen und Verantwortlichkeiten zusammengehaltenen Nation aus und gehen ihre eigenen Wege unmittelbar nach Europa. Der → Regionalismus als heimelige Fassung dieser brutalen Raffgier zerschlägt die alten Nationen, weiß diese aber – ein Spiegelbild östlicher Entwicklungen – nur durch den Egoismus kleinerer Einheiten zu ersetzen. Kurz, am Ende des 20. Jahrhunderts ist die Nation da wie dort ein Problem geworden – da, wo gesellschaftliche Gruppen und ökonomische Prozesse danach drängen, sie aufzuheben, und dort, wo sich der Nationalismus neuerlich zurückmeldet.

Europa hat sich in Nationen geteilt, als sich der Universalismus des Christlichen Europa überlebt hatte. Was kommt in jenem Teil Europas, in dem sich, Jahrhunderte später, die Nationen überlebt haben und die ökonomische Entwicklung heftig ins Transnationale drängt? Was Europa bräuchte, um sich eine Zukunft nach den Nationen zu geben, das wäre natürlich – ein neues Christentum. Doch wo sollte es herkommen und wer würde es wollen? Ich nicht. Bliebe immerhin die Alternative, daß Europa weder das alte noch ein neues Christentum erhält, doch anstatt der alten sich eine neue verbindliche Religion erschüfe. Welche? Die Europäische Union hat eine vorgeschlagen: Anstelle des wirkungslosen Glaubens an Gott soll der wirkungsmächtige an das Geld treten. Gewitzte Dialektiker werden damit sogar einige humanistische Hoffnung verbinden, denn wo der Glaube an den Gott der Liebe überall die Herrschaft des Schwertes gebracht hat, könnte der Glaube an den Mammon ja umgekehrt womöglich den Humanismus verbreiten.

Aber auch die Religion des Geldes, wie sie zu verkünden die EU ihre Missionare ausgeschickt hat, wird sich nicht dauerhaft durchsetzen: Das Christentum hatte für jene Völker, die sich ihm ergaben, immerhin ein Versprechen der Gleichheit gehabt, und wer dem Christlichen Europa zugehörte, war als Kind Gottes (zumindest der Lehre nach) schon hier auf Erden geachtet und des Anspruchs auf jenseitiges Glück gewärtig. Die Religion des Geldes weiß solche Gleichheit nicht zu vermitteln, ja widerspricht ihr aufs heftigste. Wer an das Geld glaubt und ihm sein europäisches Leben weiht, hat deswegen noch lange keines und auch keinen Anspruch, eines zu bekommen. Und warum sollten, beispielsweise, die Europäer des Ostens dem Nationalismus fromm entsagen und statt dessen nach dem Kult der

Banken beten, wenn ihnen dafür bestenfalls die Aussicht blüht, auf ewig und drei Generationen zweitklassige Betteleuropäer, also Betbrüder der minderen Klasse zu bleiben? Fühlen doch umgekehrt jene, die sich im Westen schon länger zur Religion des Geldes bekehrt haben, keineswegs den unstillbaren Drang vorausgestorbener Märtyrer, ihren Besitztümern zu entsagen oder sie zu teilen. Nein, daß der eigene Reichtum gemehrt werden solle und dürfe, ebendas macht das Wesen der neuen Religion aus. Wo eine Religion aber auf Trennung setzt, kann sie nicht wirklich vereinheitlichend wirken, und darum kann die Europäische Union auch kein Reich begründen, das die Erbschaft des Christlichen Europa und in dessen Folge die Erbschaft des Europas der Nationen anträte.

Was also, gottverdammt, könnte dann auf die Nationen, diese nicht eben erhebenden Emanationen des Weltgeists, folgen, was könnte nur, um Christi und der Zinsen willen, die Nationen ablösen? Nun, hätte ich fast schon gesagt, auf den Patriotismus des universalen Christentums und den Patriotismus der irdischen Nationen müßte jetzt ein Patriotismus des Menschen treten, die tätige Erkenntnis, daß wir nicht nur als Mitglieder der alleinseligmachenden Kirche oder der einzig wahren Nation wert seien, respektiert und geschätzt zu werden, sondern als Angehörige der Menschheit. Aber dieser Gedanke steht wohl zurecht im Verdacht, utopisch verseucht zu sein, und da ich im Kreuzworträtsel der größten österreichischen Tageszeitung zuletzt die Frage nach einer »wirren Wunschvorstellung, Wahnbild« mit »Utopie« aufgelöst bekam, muß ich ihn zurückziehen und fürs erste bei den Nationen, die es verdienen, nicht geliebt zu werden, verharren.

NATIONALISMUS

Die Theorie, die am Beginn stand, war philantropisch ersonnen, das Werk gelehrter Männer, die der Menschheit die Vernunft weisen wollten und den Schrecken lehrten. Daß sich → Nation und Territorium decken sollten, ist die erste Lehre des Nationalismus gewesen, der die Würde einer Nation bis heute immer nur im Staate entdecken kann und eine einfache mathematische Gleichung anstrebt, daß nämlich die Welt von gleich vielen Nationen bewohnt wie Staaten übersichtlich strukturiert werde. Daran ist weniger zu tadeln, daß man eine Nation, wie es ein englischer Spötter einmal formulierte, auch als Gesellschaft von Menschen fassen könnte, welche sich durch einen gemeinsamen Irrtum bezüglich ihrer Herkunft einig ist. Folgenreicher war, daß es zum einen offenbar weit mehr Nationen gibt, als es je Staaten geben kann auf dieser Erde, es sei denn, jeder verstaatlicht sich selber; und daß zum anderen auf die Menschen geschichtlich die verdammte Eigenschaft überkommen ist, selbst dort, wo sie sich am liebsten ganz unter ihresgleichen aufzuhalten schätzten, keineswegs feinsäuberlich nach Nationalitäten getrennt zu siedeln. Kurz, selbst wenn es ein Traum und kein Alptraum wäre, daß sich die Menschen ihr Glück immer nur als ein staatsbürgerliches vorstellen können und partout zu ihrer Konfektion auch den passend verschnittenen Staat brauchen, der Nationalismus taugte auch dann nicht zur Beseligung der Erde.

Auf dem Wege dorthin, hat er den Menschen übrigens keineswegs immer nur jenes Unheil gebracht, für das er heute zumal in Europa steht. Wo sich die Völker von kolonialer Herrschaft zu befreien wagten oder die feudale Willkür ihrer Fürsten abzuschütteln suchten, dort hat er deren gerechtes Aufbegehren oft befeuert und ihren spontanen Revolten die Richtung gewiesen. Gleichwohl hat sich der Nationalismus, auch wo er die schönsten Ideale auf seine Fahnen geschrieben und unter diesen die mutigsten Menschen versammelt hat, als völlig unfähig erwiesen, die einmal von fremder Herrschaft befreite Nation im Inneren zur Demokratie und nach außen zur Friedfertigkeit zu führen, was, genau besehen, ja das eine ohne das andere nicht zu erreichen ist. Regelmäßig hat der Nationalismus, kaum daß er der eigenen Nation endlich den von ihr ersehnten Staat zu erkämpfen vermochte, den in den

Grenzen dieses Territoriums lebenden anderen Nationen die Nationalität aberkannt, sie, wie die Kurden, zu »Bergtürken« oder was immer erklärt und ihre fundamentalen Rechte mit allen erdenklichen Schikanen beschnitten.

Im Europa von heute zeichnet sich eine merkwürdige semantische Verschiebung, genauer: Einschränkung des Begriffs aus. Wenn von Nationalismus die Rede ist, und es ist viel von ihm die Rede, dann wird zumeist weder die widersprüchliche Geschichte des europäischen Nationalismus von gestern noch die Vielfalt nationalistischer Erscheinungen von heute kritisiert. Glaubt man der Sprachverordnung, wie sie von den großen europäischen Nationen, den mächtigen Nationalstaaten erlassen wird, ist der Nationalismus vielmehr zu einer Angelegenheit der kleinen, schwachen, um ihre Souveränität besorgten Völker Europas geworden. Wo diese sich zu Wort melden, um ihre legitimen Interessen zu verfechten und in ihrer ökonomisch, kulturell, ja oft auch sprachlich prekären Situation auf nationalen Eigenheiten beharren, dort finden sie sich von der Gemeinschaft der Mächtigen rasch als vermeintliche Nationalisten gezeichnet und mit der Zensur versehen, sie hätten die Lehren des neuen Europa noch nicht begriffen. Den Großen hingegen fällt es leicht, ihre Interessen ohne viel nationalistischen Furor zu betreiben, ja sich, indem sie das eigene Geschäft vorzüglich betreiben, doch als wahre Europäer zu profilieren. Ich besinne mich eines literarischen → Kongresses in Slowenien, veranstaltet von der italienischen Nationalität Istriens, auf dem der französische Delegierte mit der empörten Bemerkung, ihm sei dieser Aufruhr eines engherzigen Nationalismus zuwider, den Saal verließ, weil er es als Anmaßung empfand, daß sich die lettischen und litauischen, die kroatischen und ungarischen, slowakischen und portugiesischen, irischen und katalanischen Autoren nicht auf das Französische als Konferenzsprache einigen wollten. Der Nationalist, das ist immer der Litauer, der, wenigstens wenn er seine eigene Poesie vorträgt, gerne sein Litauisch hören möchte, nie der Franzose oder Deutsche oder Engländer, der in aller Welt bedenkenlos in seiner Sprache dahinzureden beginnt, im selten enttäuschten Vertrauen darauf, daß er schon verstanden werde.

Die Sprache konstituiert die Nation nicht, es gibt mehrsprachige Nationen ebenso wie Sprachen (→Weltsprache? Muttersprachen!), die von verschiedenen Nationen gesprochen werden. Gleichwohl ist das Anrecht, auf der eigenen Sprache zu beharren, sie unbesehen der Zahl von Menschen, denen sie als Muttersprache gilt, als wertvoll, bedeutend, schützenswert und entwicklungsfähig respektiert zu finden, ein permanent verletztes Menschenrecht, das einzufordern keinen nationalistischen Dünkel bedeutet. Von dem slowenischen Dichter Ivan Cankar, der ein Stück Weltliteratur in einer kleinen, von nicht viel mehr als zwei Millionen Menschen in vier Staaten, in Slowenien, Italien, Österreich und Ungarn gesprochenen Sprache verfaßt hat, wird die Anekdote berichtet, daß er einmal mit dem großen Grafen Tolstoj in Verbindung getreten sein. Tolstoj, der seine Weltliteratur in einer Sprache von über hundert Millionen Menschen geschrieben hat, empfahl dem Slowenen, mit seiner Literatur gerade so fortzufahren, wie er es bisher schon so vorzüglich getan habe, nur doch um Gottes und seines eigenen literarischen Ruhmes wegen von diesem lächerlichen Dialekt abzulassen und statt dessen künftig in der Muttersprache aller Slawen, dem Russischen, zu schreiben. Wer war der Nationalist? Cankar, der lebenslang darum rang, seine im Bäuerlichen wurzelnde Muttersprache zu einem fein nuancierten Instrumentarium zu schärfen, tauglich, die moderne Wirklichkeit in allen ihren Facetten zu erfassen, und der aus schwacher, gefährdeter Position dabei häufig das stolze Bekenntnis zu seiner unfertigen, sich entwickelnden, in Unwissenheit und Verachtung gedrückten Nation ablegte? Oder der russische Dichter der Menschenliebe, dem es niemals eingefallen wäre, in seinem Vorschlag, wenn er ihn denn getan hat und er nicht bloße Legende ist, etwas Unrechtes zu entdecken, ja sie als nationalistische Anmaßung zu erkennen?

Die Nationalisten, das sind gerade heute immer

die Kleinen, die sich ihre Rechte noch erkämpfen möchten, niemals die Großen, die die ihren schon abgesichert haben. Die einen verletzen den Status quo, die anderen haben allen Grund, mit diesem zufrieden zu sein. Die Kleinen, das sind zunächst die jüngeren historischen Nationen, die sich erst in den letzten Jahrzehnten als Nation entworfen und politisch organisiert haben oder denen es erst in den letzten Jahren gelungen ist, als durchaus ungeliebte Nachkömmlinge in die etwas pikiert reagierende Staatengemeinschaft aufgenommen zu werden. Die ungeliebten, als Störenfriede verachteten oder als auftrumpfende Barbaren schlicht abgewiesenen Kleinen, das sind aber auch jene vielen Völkerschaften, die es nicht nur zu keinem eigenen Staat, sondern auch zu keinem irgend zuverlässigen Schutz innerhalb der existierenden Staaten gebracht haben: ethnische Gemeinschaften, historisch ausgeprägte Gesellschaften, die sich von dem Staatensystem, wie es heute die Erde bestimmt, nicht vertreten, geschützt, respektiert, sondern in ihrem kulturellen, oft auch schlicht biologischen Bestand gefährdet und in ihren Entfaltungsmöglichkeiten behindert empfinden. Die UNPO (Unrepresented Nations and Peoples Organization), die sie vertritt, hat an die 5000 solcher Gesellschaften ausgemacht.

Keiner spotte über diese verächtlich als »Möchtegern-Nationen« bezeichneten Gruppen, denn was ihnen nicht nur in den ausgewiesenen Diktaturen

Lateinamerikas, Afrikas oder Asiens widerfährt, das ist der alltägliche Völkermord, von dem wir nur in den seltensten Fällen erfahren, wenn sich, wie bei den Indianern des Amazonas, zufällig ein österreichischer Bischof findet, der ihre Anliegen auch westlichen Medien zu vermitteln in der Lage ist, oder, wie beim Volk der Oboni in Nigeria, ein internationaler Öl-Konzern sich allzu auffällig an ihrer Entrechtung beteiligt. Die nationalistische Losung, die bei manchen, aber längst nicht der Mehrheit dieser Völker gefruchtet hat, weist ihnen den Weg, nach einem eigenen staatlichen Verbund zu streben. Der auch in Europa für so viele Nationalitäten durchaus verheerende, für den Kontinent insgesamt barbarisierende Nationalismus kann ihnen, auch wo sie seinen Versprechungen erliegen mögen, jedoch keine Zukunft bieten. Die unheilvolle, nach europäischem Modell angestrebte Einheit von Territorium und Staat würde permanenten Krieg mit dem selbst für die Sieger solcher Kriege nicht wünschenswerten »Splitterismus« als Ziel bedeuten, vor dem schon Isaiah Berlin gewarnt hat. Sollen sich die kleinen Völker also in ihr Schicksal fügen und, wie es in Frankreich mit den Bretonen, den Okzitanen der Fall war, in die nächstgelegene größere Nation abdanken? Die Völker der Sowjetunion haben sich jedenfalls gerade in die umgekehrte Richtung aufgemacht und denken keineswegs daran, sich bei Tolstojs schützender Mutter aller Slawen zu bergen und in das Allrussentum zu flüchten.

Die großen, gefestigten Nationen sind in ihrem kulturellen und ökonomischen Zusammenhalt so gesichert, daß sie keinen transnationalen Zusammenschluß zu fürchten brauchen. Ihre Angehörigen können sich selbstbewußt als Europäer bestimmen, weil sie dabei doch um ihre französische Sprache, englischen Traditionen, deutschen Gewohnheiten nicht bangen müssen; sie können, auch wenn sie sich womöglich als Bürger Europas oder gar, horribile dictu, als Angehöriger der europäischen Nation bezeichnen mögen, ihre nationalen Interessen allezeit verfechten und darum den anderen großmütig den Weg weisen, doch der elenden Kleinstaaterei, dem engherzigen Nationalismus nach ihrem Beispiel abzusagen.

Wem solcher Rat allzu billig erscheint, dem bleibt nur die Einsicht, daß es nicht darum geht, die kleinen Nationen abzuschaffen, sondern die Verbindung von Staat und Nation zu kappen. Die Rechte einer Nation können eben keineswegs nur in einem Nationalstaat entfaltet und gewahrt werden, im Gegenteil, der Staat, gerade wo er sich national gibt, ist der Königsweg, nicht nur fremde, sondern auch die eigene Nation zu unterdrücken. Somit ist weder der »Splitterismus« unzähliger kleiner Nationalstaaten ein erstrebenswertes Ziel, noch die euphorisch ausgerufene Nation Europa mit ihren Vereinigten Staaten von Europa oder ähnlichen Zwangsvorstellungen, wie sie schon manchem im jubilierenden Delier des Großeuropäertums gepackt haben. Die sie erträumen, sind ja wiederum nur fähig, die vermeintliche Nation Europa etatistisch zu denken, und zwar, notwendigerweise, als staatliches Monster, mit welchem sie endlich den Amerikanern, den Chinesen, wer weiß wem Paroli bieten zu können hoffen, einen Staat, bürokratischer als alle bisherigen europäischen Staaten, ein wirtschaftliches und militärisches Ungeheuer. Indes die Vereinigten Staaten von Amerika kulturell wieder in viele Nationen zerfallen, China mit seinen Hunderten Völkerschaften und wirtschaftlich höchst ungleich entwickelten Regionen dem Auseinanderbrechen immer näher kommt, die sterbende Sowjetunion aberdutzende Nationen gebiert, sollte sich Europa als letzter und wiederum erster Großstaat konstituieren? Mit einer dazugehörigen Nation als Staatsvolk, auf daß auch ein echter Nationalstaat nach dem Ende aller europäischen Nationen daraus werde?

OPFER

In »Le Monde« lese ich, daß Jacques Chirac ein »Opfer seiner Ehrlichkeit« geworden sei. Endlich weiß ich wieder, was ein Opfer ist. Das mag wenig scheinen, ist aber viel. Denn in den letzten Jahren war darüber eine Verwirrung ausgebrochen, die uns fürchten ließ, man werde Opfer und Täter in Europa gar nicht mehr unterscheiden können, so nah sind sie sich gekommen und so gewaltig ist der Wunsch von uns Zuschauern gewachsen, daß sie allesamt ununterscheidbar und an ihrem Elend gleichermaßen schuldig geworden seien.

Wer den Krieg in → Jugoslawien etwa begonnen hatte, hat sich für viele, kaum daß es geschehen war, so rasch verdunkelt, daß wir glaubten, die bekannten Generäle würden mit ihren Schlachten kein anderes Ziel verfolgen als die unbekannten Schlächter aller Nationalitäten, die im Haus des → Nachbarn rasch ein Massaker unter Freunden anrichten. Der große Blutrausch, als der uns der Zerfall Jugoslawiens erklärt wurde, schwemmte Opfer und Täter ungeschieden hinweg, als hätte es zwischen dem, was sie taten oder aber erlitten, ohnehin keinen Unterschied gegeben. Darob wurde vergessen gemacht, daß es bei Tätern und Opfern immerhin um Leben und Tod geht, genauer: ums Umbringen oder Umgebrachtwerden. Natürlich muß es, wo einer umgebracht wird, auch einen geben, der ihn umbringt.

Aber haben die Mörder nicht geradezu guten Glaubens gemordet und sich die Ermordeten gewissermaßen nur aus Heimtücke umbringen lassen? Die Täter also so roh nur gehandelt, um dem gemeinen Opfer und seiner ruchlosen Tat zuvorzukommen, und die Opfer den eigenen Tod billigend in Kauf genommen, um den Täter vorsätzlich in ein schlechtes Licht zu rücken? Früher war der ein Opfer, dem Gewalt, Unrecht widerfuhr, gegen das er sich nicht zur Wehr setzen konnte. Den Opfern von heute widerfährt Gewalt, Unrecht, aber sie können nicht glaubhaft machen, daß ihnen Gewalt und Unrecht widerfuhr und sie nicht selber schuld an ihrem Elend sind.

Die Identifikation des Opfers als präsumptiven Täter und des Täters als Opfer ist ein gesamteuropäisches Phänomen geworden. Der eine Handlung setzt, geriert sich, als würde er sie erleiden, indes jener, dem sie widerfährt, im Rufe steht, sie verursacht zu haben. Daß Deutschland nicht länger als »Opfer des Asylschwindels« herhalten möchte, wird anstatt der Nachricht amtlich verlautbart, daß die deutsche Regierung die bisher wirksamen eigenen Asylgesetze beseitigen möchte; daß die englische Landwirtschaft »Opfer einer gezielten europäischen Desinformationspolitik« geworden wäre, läßt die britische Regierung verlauten, die alles getan hat, die Existenz, die Ursachen und das Ausmaß der Rinderseuche zu vertuschen und aus der von ihr verschuldeten Affäre als Sieger herauszukommen. Verschuldet? Wer redet noch von Schuld? Allenfalls, wenn der Anlaß günstig ist, von der geteilten Schuld aller, die auch die halbe Schuldlosigkeit eines jeden bedeutet. Oder sind wir nur alle Opfer einer globalen Verwechslung geworden? Linke und Rechte, höre ich, kann man ohnehin nicht mehr auseinanderhalten, und nicht nur, weil mancher, der einmal ein Linker war, heute als bekehrter Rechter Karriere macht; die Kapitalisten sind, gerade indem sie Wirtschaftspolitik ohne sozialromantische Träume exekutieren, auf lange Sicht die besseren Sozialisten, sozialistische Politiker aber gehen, zumindest in Österreich, als Bankdirektoren in Pension oder kommen als solche überhaupt erst in die Politik; dafür schützen Generäle den Frieden, den die Pazifisten verspielen, große Dichter wandern als schlechte Journalisten durchs Hinterland und berichten getreulich aus der Etappe, daß es keine Front gibt und folglich die Massaker nur erfunden wurden; die Despotie aber gibt sich als Hüterin der Demokratie aus, als garantiere die Anzahl privater Fernsehsender die Freiheit der Meinungen, wie die Fleischfresser ja dank McDonalds längst zu den besseren Vegetariern geworden sind, weil ohnehin alles aus Pappendeckel ist, der Pappendeckel zum Wegschmeißen gleich der Speise zum Hinunterwürgen.

Gott sei Dank gibt es den französischen Präsidenten Chirac, der die Atomversuche am Mururoa-

Atoll nicht nur durchgezogen hat, sondern auch vorankündigte, weswegen er unerwartet internationale Schelte abbekam und so zum Opfer seiner Ehrlichkeit wurde. Die Täter aber waren wieder einmal die ... Südsee-Insulaner.

PRONARI, albanisch

Wenn in Albanien jemand darangeht, ein verlassenes und verfallenes Haus herzurichten, um darin zu wohnen oder einen der fehlenden Betriebe zu gründen, oder er findet ein Stück Feld, das seit Jahrzehnten brachliegt und steinereich vor sich hinödet, und will es mit seiner Hände Arbeit in Besitz nehmen, um wenigstens ein paar der Grundnahrungsmittel zu erwirtschaften, die die Albaner nach Jahren der lähmenden Apathie nicht mehr selber zu erzeugen in der Lage sind, einfach weil man sie vergessen ließ, daß sie selber es tun könnten; oder einer sortiert das weggeworfene, überall in der Landschaft rostende Industriegut und nimmt, was noch irgendwie taugt, um in der Lagerhalle, durch die der Wind pfeift, etwas daraus zu machen, dann kommt, kaum daß seinem Bemühen die Aussicht auf Erfolg blüht, unfehlbar einer daher und meldet seinen Anspruch darauf an. »I da kale pronari«, der Eigentümer von etwas hat sich gemeldet – so pflegt rasch zu enden, was hoffnungsvoll begonnen wurde.

Politische Umwälzungen haben nicht nur in Albanien die Eigentumsverhältnisse mehrfach verändert. Das Haus, in das der eine einziehen will, weil er keines hat und dieses da seit zehn Jahren der Ruine entgegenwittert, hat bis 1938, als die Italiener ihr faschistisches Regiment über Albanien errichteten, vielleicht einem albanischen Nationalisten gehört, der rasch seiner gesellschaftlichen Stellung verlustig ging, einem Widerstandskämpfer, der in die Berge zu den Partisanen zog, einem muslimischen oder kommunistischen Gegner der Besatzer, der in die Fänge der Kriegsjustiz geriet. Mit den fremden Besatzern kamen neue Bewohner, Parteigänger der Faschisten vielleicht, vielleicht aber auch nur politisch unverdächtige Leute, die auf einer Liste mit Wohnungssuchenden standen und denen nun ein paar Zimmer in dem Haus zugewiesen wurden, deren erste Bewohner gewaltsam aus ihm entfernt worden waren. 1944 dann, als die siegreichen Partisanen in Tirana einmarschierten, sind diese Neubewohner als vermeintliche Faschisten, tatsächliche Kollaborateure oder, wenn sonst gar nichts gegen sie sprach, schlicht als Klassenfeinde auf die Straße gesetzt worden; und ein Klassenfeind war man damals schnell, da brauchte man kein reicher Mann zu sein. Aber in unser Haus zogen nicht etwa die Bewohner von ehedem zurück, die vielleicht schon tot waren, ermordet oder in einen anderen Landesteil geflüchtet, sondern Familien, beispielsweise von verdienten Partisanen, die ihr Leben für die Unabhängigkeit Albaniens aufs Spiel gesetzt oder auch verloren hatten. Doch auch in den folgenden Jahren, da sich das kommunistische Regime in Albanien für ewige Zeiten zu verfestigen schien und es sich leistete, seine Botschaften in unzähligen Sprachen über Radio Tirana in alle Welt zu senden, wechselten Wohnungen und Güter oft mehrfach die Besitzer. Wer in Ungnade fiel, fand sich mit den Seinen bald in einem Kellerloch wieder, indes in die geräumige Wohnung, zwei Stock darüber, die ihm vordem gehört hatte, zuverlässigere Genossen gesteckt wurden, auch sie einer Wohnung für sich und die Ihren durchaus bedürftig. So ist am Ende dieses Jahrhunderts ganz Albanien ein fragwürdiger, umstrittener Besitzstand, und was immer irgendwo einer unternimmt, es ist sehr wahrscheinlich, daß es die Rechte eines anderen verletzt.

Was gehört wem, wer war zuerst da und wann verjähren Besitzansprüche? Die tausendfachen Arisierungen, welche in Österreich nach 1938 jüdische Wohnungen und Geschäfte in den Besitz von getreuen Parteimitgliedern brachten, wurden nach 1945 nur zu einem geringen Teil rückgängig gemacht; und das, obwohl erst ein paar Jahre vergangen und den → Nachbarn wie den jetzigen Mietern oder Eigentümern die wahren Besitzer zumeist noch persönlich bekannt waren, also jedermann wußte, wer hier gewohnt und gearbeitet hatte. Aber die Arisierungen wurden der Zweiten Republik in ihren Aufbaujahren nicht zum Problem; denn denen die Geschäfte und Wohnungen gehört hatten, waren tot, oder sie blieben, von keiner politischen Partei je zur Rückkehr aufgefordert, im glücklich erreichten Exil. Das Vergessen, wie es als Haupttugend politischen Anstands in Österreich gefordert und gefördert wurde, hat der Republik freilich die ersehnte Grabesruhe nicht für ewige Zeiten beschert, beginnen doch die Dinge, die einst unter den Teppich gekehrt wurden, diesen faulend zu durchstoßen. Die stets das Vergessen propagiert und praktiziert hatten, haben in Wahrheit dafür gesorgt, daß die Vergangenheit immer weiter in die Gegenwart drängt.

Kehrten die meisten Juden, weil sie tot waren oder es ihnen sicherer schien, in Übersee zu bleiben, nicht nach Österreich zurück, um ihren geraubten Besitz einzufordern, gibt es überall in Europa Menschen, denen individuelles Unrecht aus kollektiven Gründen widerfuhr und die sich nicht damit abfinden wollen, daß es so war. Die Vertreibung der Sudetendeutschen aus der Tschechoslowakei war ein solches Verbrechen, das bürokratisch geplant und mit im einzelnen unerhörter Brutalität durchgezogen wurde, eine ethnische Säuberung, die dem gesäuberten Gebiet, das einst gerade dank der nationalen und kulturellen Verflechtung zu blühendem Wohlstand gereift war, selber vorwiegend Verödung und Niedergang gebracht hat. Daß es ein Verbrechen war, haben lange jene nicht sehen wollen, denen die ewiggestrigen Berufsvertriebenen, die ihre Landsmannschaften am liebsten stramm in die seligen Zeiten einer deutschen Vorherrschaft über Mittel- und Osteuropa zurückgeführt hätten, für das Ganze standen. Es war aber ein Verbrechen, und es bleibt eines, wie borniert und haßerfüllt sich einzelne Vertriebene mittlerweile längst zum Gaudium der Medien auf ihren diversen Pfingst- und Fahnentreffen auch aufführen mögen. Freilich, was ist mit dem Unrecht von gestern heute zu tun? Was kann mit ihm, außer daß es benannt wird, geschehen? Ist es ein zu respektierender Wunsch, daß die Sudetendeutschen, wie es ihre politischen Lautsprecher wünschen, in ihre alten Dörfer und Häuser zurückziehen, in denen längst die Kindeskinder derer wohnen, denen diese Häuser und Felder nach der Vertreibung ihrer ursprünglichen Besitzer einst zugewiesen wurden? Die Kindeskinder von Menschen, die ihrerseits unter der deutschen Besatzung der Tschechoslowakei, die von vielen Sudetendeutschen gefordert und begeistert begrüßt wurde, gelitten hatten ... Ja, wollen die Sudetendeutschen überhaupt zurückkehren, oder ist es nur eine wohlfeile Forderung, eingegeben von dem unstillbaren Drang, sich auf ewig im Status des → Opfers einzurichten und eine Erinnerung zu pflegen, die so viel Vergessen einschließt?

Überall in Europa entdecken Menschen auch noch in der zweiten, der dritten Generation, daß ihre Vorfahren einst vertrieben, außer Landes geekelt, enteignet wurden, und sie beginnen um eine → Heimat zu trauern, die sie nie gesehen haben. Noch ist zu hoffen, wenn auch nicht zu glauben, daß in Bosnien, in der Krajna, daß überall im ehemaligen

→ Jugoslawien, wo Menschen ihrer Zugehörigkeit zu dieser oder jener nationalen Gruppe wegen vertrieben wurden, die Vertriebenen in ihre Dörfer und Städte zurückkehren werden. Es muß aber bald geschehen, in den nächsten Monaten schon; wenn in den ehemals ethnisch gesäuberten und neu besiedelten Gebieten erst die nächste Generation herangewachsen ist, dann wird die Rückkehr Vertreibung bedeuten und der Wunsch, altes Unrecht aufzuheben, neues bewirken.

Eine Gesellschaft ohne Gedächtnis, die vergangenes Unrecht in der Vergessenheit beläßt, legitimiert es nicht nur, sondern macht zudem die niederträchtigsten Charaktere zu ihren verläßlichsten Stützen. Sie ist auf dem Dank und der Loyalität von Menschen aufgebaut, die ihre Nachbarn denunzieren und sich, kaum daß diese von zu Hause abgeholt, verschleppt, verjagt sind, an deren Gut bereichern. Eine Gesellschaft aber, die sich unter die Diktatur der Vergangenheit stellt und die Erinnerung als Kult pflegt, schafft fortwährend neues Unrecht und verordnet sich die Stagnation. Martialische Erinnerung an das eigene Leid und lindes Vergessen von jenem, das im eigenen Namen anderen angetan wurde, gehen dann gut zusammen. Es gibt, mit der kroatischen Schriftstellerin Dubravka Ugrešić zu sprechen, nicht nur den Terror des Vergessens, sondern auch den Terror des Erinnerns, dort, wo abwechselnd das eine und das andere als Waffe eingesetzt wird, die eigenen Ziele zu erreichen. Der frühere Besitzer meldet sich, man kann es ihm nicht verdenken. Er wird auf neue Besitzer treffen, von denen nicht jeder ein Verbrecher ist. Der Weg über die geweihte Erde Europas führt über Schädelstätten.

QUOTE

Wenn in Europa von Quoten die Rede ist, dann kann damit durchaus Verschiedenes gemeint sein: daß Frauen, anstatt auf mediokre Plätze verwiesen zu bleiben, sich weiter oben in den Hierarchien des Machtapparates finden – oder daß Milch, anstatt an Bedürftige ausgeteilt zu werden, unter staatlicher Kontrolle vernichtet wird. Wie viele Frauen mindestens in den Vorstand einer bestimmten Partei gewählt werden müssen, damit auch die Männer nicht allzu arg ausschauen, dafür gibt es in zivilisierten Ländern ebenso eine Quote wie für die Tausenderzahl an Tonnen, um die alljährlich der »europäische Butterberg« bürokratisch erleichtert wird, damit die Agroindustrie einen bestimmten Preis halten kann. Die Quote, wie sie sich in immer mehr gesellschaftlichen Einrichtungen als Marke findet, die nicht über- oder aber keineswegs unterschritten werden darf, soll regeln, was freier Markt und sozialer Darwinismus sonst mit unerwünschten Folgen auf ihre Weise ordnen.

Auf administrativem Wege hat die Quote also ein Ungleichgewicht zu mildern, das, ließe man dem ungelenkten Spiel der Kräfte ihren Lauf, in ein krasses kippen würde. Die bekannteste der Quotenregelungen gilt der Repräsentanz von Frauen in den Spitzengremien von Parteien und Verwaltung, die von jener biologischen Hälfte der Menschheit, die

die Frauen annäherungsweise verkörpern, weit entfernt zu sein pflegt. Mag solche Quote auch nützlich und einer Gesellschaft angemessen sein, die sich auf dem Wege zur Gleichberechtigung wähnt, taugt sie doch nicht für alle entzündlichen Fälle von Ungleichheit als lindernde Arznei. Heikel wird es, wenn eine Minderheit, die ihren Status zu verbessern trachtet, in ihrer Bedrängnis auf die Quote kommt.

Der Schutz von ethnischen, religiösen, sprachlichen Minderheiten ist eigenartigerweise in keiner der historischen Erklärungen der Menschenrechte je vorgekommen. So hat die Französische Revolution 1789 zwar die Menschen- und Bürgerrechte ausgerufen, dabei aber keine Rechte von Minderheiten erwähnt. Sie hat sie nicht nur nicht erwähnt, sondern ihnen, wo sie aus überkommenen Traditionen respektiert wurden, als vermeintlichen Relikten einer barbarischen Zeit in der Regel den schnellen Garaus bereitet. Waren nämlich manche Rechte von Minderheiten in einem gewissermaßen vorstaatlichen Raum geschützt gewesen, fielen sie nun einer Moderne zum Opfer, die sich selber staatlich definierte und nach rationaler wie rationeller Verwaltung, nach einem vernünftigen, störungsfrei organisierten Staatswesen strebte. Was vor solcher Vernunft nicht bestand, war auszumerzen, und der französische Staat der Vernunft rückte denn gleich dem unvernünftigen, weil unpraktischen Sprachengewirr, wie es in Frankreich vor der Revolution herrschte, mit einer rigiden Sprachpolitik zu Leibe, die heute noch mit kalter Bürokratenwut wider die Minderheiten exekutiert wird (→ Weltsprache? Muttersprachen!).

So wenig wie 1789 waren die Minderheiten 1848 ein Thema, und noch die Erklärung der Menschenrechte von 1948 oder die Europäische Menschenrechtskonvention von 1950 finden ihr humanitäres Auslangen, ohne die Rechte zu benennen, die nicht dem Individuum oder dem Staatsvolk, sondern minoritären Gruppen zustehen. Gibt es bis heute auch keine völkerrechtlich verbindliche Kodifizierung, werden Rechte von Minderheiten doch in etlichen Staatsverträgen anerkannt und dort oft mit bestimmten Quotenregelungen verbunden. Allen diesen Quotierungen ist gemeinsam, daß sie ein Menschenrecht statistisch fassen und auf eine kulturelle Frage eine demographische Antwort geben.

Die Statistik ist aber der Feind der Minderheiten. Zum einen hat sich noch jede Minderheit bei Volkszählungen als eine Gruppe wiedergefunden, zu der sich weniger Menschen bekennen, als sie tatsächlich umfaßt. Das hat mit bitteren Erfahrungen zu tun, die ein Bekenntnis zur Minderheit oft auch dann nicht angeraten erscheinen lassen, wenn staatliche Repression oder Feindseligkeit der größeren Ethnien nicht mehr zu befürchten sind, und ebensosehr damit, daß viele Menschen nicht einzig in ihrer Minderheit verwurzelt sind, sondern zugleich durch Herkunft, schulischen Werdegang, kulturelle Entwicklung, familiäre Wahl auch der Mehrheit zugehören. Wo die Erhebung nur das Bekenntnis zu der einen oder der anderen Gruppe zuläßt, dort gehen der Minderheit statistisch immer Menschen verloren, die ihr in ihrem alltäglichen Lebensvollzug durchaus noch zuzurechnen sind.

Aber die Statistik schadet der Minderheit sogar dann, wenn sich diese statistisch zu behaupten weiß. Schließlich suchen Volkszählungen und Minderheitenfeststellungen die Bevölkerung eines Gebietes nach ethnischen Kriterien zu erfassen und daher erfahren sich die Menschen eines gemeinsam bewohnten Gebietes nach ethnischen Kategorien dieser oder jener Gruppe zugeordnet. Was die Volkszählung fördert, das sind also nicht die Minderheiten und deren Ansprüche, sondern das ethnische Denken und die Segregation nach ethnischem Prinzip. Eine Minderheit statistisch zu erheben heißt folglich immer, sie einem ihr gefährlichen Klima auszusetzen, sie zahlenmäßig zu schwächen und die konservativen Tendenzen innerhalb dieser Volksgruppe zu stärken. Die ethnische Bestandsaufnahme wirft den einzelnen nämlich auf die Ethnie, auf nur eine einzige Ethnie zurück und beraubt ihn jener Züge, die er in der Begegnung mit der Mehrheit oder anderen Minderheiten längst ausgebildet hat und die ins Offene, in die alltägliche ethnische Grenzüberschreitung weisen. Ob in der Slowakei oder in Österreich, in Belgien oder Litauen haben Erhebungen der Minderheiten diesen stets Verschlechterungen beschert, und zwar auch dann, wenn die Quote, die der Minderheit bestimmte Förderungen sichert, nicht durch abenteuerliche Reformen der Gebietsstruktur, wie sie in der Slowakei zuungunsten der ungarischen Minderheit durchgeführt wurden, künstlich verfälscht wird.

Es braucht daher nicht zu wundern, daß die Zahl der Minderheiten und die Zahl der Menschen, die bereit sind, sich diesen Minderheiten auch amtlich zurechnen zu lassen, stetig sinkt. Eigentlich müßte beides ja steigen, da es heute mehr nationalstaatlich verfaßte Staaten als noch vor ein paar Jahren in Europa gibt und in jedem von diesen sich einstige Staatsnationen als Minderheiten wiederfinden. Und doch sind es einzig die Albaner und die Roma (→ Volk, fahrendes), die auch als Minderheiten ihre Bevölkerungszahl halten oder gar, wie die Albaner im serbischen Kosovo, dem albanischen Kosova (→ Jugoslawien), von einer Minderheit zur Mehrheit werden konnten. Überall sonst haben der Druck und die Lockung der Assimilation, der paternalistische Schutz wie die staatliche Repression den Minderheiten so zugesetzt, daß es heute weniger Minderheiten in Europa gibt denn je und daß sich zu diesen Minderheiten weniger Menschen denn je bekennen möchten. Kommen noch jene Länder hinzu, die, wie Frankreich, die Existenz nationaler Minderheiten auf ihrem Territorium ohnehin schlichtweg leugnen – und seien es in Wahrheit auch Millionen, die bürokratisch so für nichtexistent erklärt und der eigenen Staatsnation zugeschlagen werden –, so scheint Europa ganz entgegen der vorherrschenden Meinung nicht einem Aufstand der Minderheiten, sondern deren Niedergang entgegenzugehen. Und auf diesem Wege gereicht manche Quote, die vorgeblich aufgestellt wurde, um sie zu fördern, den Minderheiten zum Verhängnis.

REGIONALISMUS

So großräumig das neue Europa auch konzipiert ist, so mächtig es nach eigenen Institutionen drängt und so heftig die etwas vorschnell ausgerufene europäische Nation nach einer strengen bürokratischen Fassung verlangt – wohl und heimelig und in diesem Europa zu Hause wollen sich auch die privilegierten Europäer der Union nicht recht fühlen. Weil es sie vor diesem Aufbruch in kältere Zeiten, unbekannte Verhältnisse, unübersichtliche Bürokratien fröstelt, sehnen sie sich nach der Wärmestube zurück, aus der sie auch ohne Europäische Union schon lange vertrieben waren, nach dem knisternden Ofen daheim, der auch dort längst per Fernwärme oder mit russischem Gas gespeist wird, nach dem stillen, dem behüteten Glück, in dem sie nie waren: Diese Sehnsucht kann ihnen auch das Versprechen einer reicheren, im niemals endenden Konsumrausch zu feiernden Zukunft nicht stillen, sondern nur eine Ideologie des Einfachen, Innigen und Vertrauten vorgaukeln.

Die Wärmestube, die den gleichermaßen ängstlich um ihre Vorrechte, um ihre berechtigten Interessen und ihre Borniertheiten besorgten Europäern angeboten wird, ist die Ideologie von einem Europa der Regionen. Die Region soll bieten, was ohnehin längst verraten und verkauft wurde und vom großen Zusammenschluß nun vollends zerstört wird: den Sinn für das Besondere, die Würde der Unterscheidung, → Heimat und → Identität. Wer sich im Allzugroßen und Allzuschnellen nur unter erheblichem Verschleiß von Energien zurechtfinden, sich trotz freier Fahrt über die einstigen innerstaatlichen Grenzen hinweg im Reich der Europäer nicht vertraut fühlen kann und gar fürchtet, sich abhanden zu kommen, dem wird für den Feiertag das bescheidene Glück im Winkel verheißen. Dort mag er dann selbstzufrieden und erschöpft nach den überkommenen Riten seines Tales lieben, hassen, beten und sich mit leerem Sinn und voller Tasche in dem Glauben gütlich tun, ganz bei sich und doch ein Mitglied der europäischen Familie zu sein.

Doch die Verbindung von Region und Großeuropa, von Winkel und Metropole ist nicht das Tröstliche, dessen die verschreckten Europäer der wachsenden Wirtschaftsunion bedürfen, sondern das Abstoßende, in dem sie einander noch erkennen lernen werden. Keine Versöhnung der Gegensätze, potenziert das Europa der Regionen vielmehr die Entfremdungen des einen wie des anderen Bereiches, der kleinen wie der großen Welt. Es ist das Bündnis von Stammtisch und High-Tech, von Borniertheit und hemmungsloser Modernisierung, das hier geschlossen, die Gleichzeitigkeit von Marienfrömmigkeit und Gen-Technologie, von Hexenglaube und Digitalisierung, die da erprobt wird. Aus dem Gegensatz von vormoderner und postmoderner Welt wird eine Allianz, in der das Unvereinbare zusammengeht, und während man Computergeschäfte mit aller Welt tätigt, wird man zu Hause getrost den Gamsbart bürsten dürfen. Ein bedenkenloser Modernisierer, der nichts als angepaßt ist, und ein aggressiver Hinterwäldler, den unheilbar die Gemütlichkeit schlägt, diese beiden zugleich zu sein, das ist das Kunststück, das dem Europäer von heute die Ideologen des Regionalismus aufgegeben haben. Halb Weltbürger, halb Lokalpatriot ist der Regionalist – und in der einen wie der anderen Spielart ein ganzes Scheusal. Als aufgeklärter Europäer ist er Internationalist, als borniert Hinterwäldler Ausländerfeind, als Regionalist aber darf er stolzen Sinnes beides zugleich sein: weltoffen und klaustrophob. In einer Reihe von Politikern, äußerst erfolgreichen übrigens allesamt, hat sich dieser Typ von neuem europäischen Menschen schon aufs prächtigste entfaltet. Sie alle sind begeisterte Regionalisten und begeisterte Europäer. Ihre Furcht, ihr Mißtrauen, ihr Haß gilt schon dem nächsten → Nachbarn, der seit Jahrhunderten in der gleichen Region mitlebenden Nationalität, doch die bebende Ehrfurcht ihrer ergriffenen Stimme gilt natürlich dem großen, dem mächtigen Europa, unser aller Heimat. Ihr Vorfahre, ob sie nun in Kärnten oder der Slowakei, in Kroatien oder der Lombardei, in Flandern, Bayern oder Katalanien wirken, ist Franz Josef Strauß. Der flog im Düsenjet um die Welt und kam doch nie aus dem Hofbräuhaus heraus, er hat Bayern zur modernsten Region Deutschlands gemacht und die geistige Lederhose niemals ausziehen müssen. Weltläufig und stiernackig, in globalen Zusammenhängen denkend und lokalen Zwängen verhaftet, dem Großen zugewandt und der Enge verpflichtet, frei von überkommenen Hemmungen und voll von ewigen Vorurteilen, das ist der Mensch, wie ihn das Europa von morgen braucht und wie er sich im Europa der Regionen tummeln wird.

Die Region ist älter als die → Nation, sie liegt vor ihr. Es ist daher folgerichtig, daß eine Organisationsform, die die Nationen aufzuheben, also eine Ära nach den Nationen zu begründen behauptet, die Region mobilisiert. Der Regionalismus, der die vornationale Identität zur Ideologie ordnet und ihren Aufbruch proklamiert, paßt daher mit dem Gedanken einer staatlichen Union, in der die Nationen aufgehoben werden, höchst wirkungsvoll zusammen. Es ist das Zusammenspiel einer subnationalen, vornationalen Einheit mit einem übernationalen, postnationalen Verband. Da kommt es sehr zupaß, daß mit dem → Nationalismus, wie er in den letzten Jahren da und dort verheerend aufgebrochen ist, auch die Nationen selber in Mißkredit geraten sind und die Idee wie die Wirklichkeit, daß bestimmte Menschengruppen sich historisch zu Nationen zusammengefunden haben, in schlechtem Ansehen stehen. Gleichwohl ist die Region, die sich reichsunmittelbar setzt, ohne auf ihrem Weg nach Europa noch den Umweg über eine Nation nehmen zu müssen, kein Fortschritt, sondern ein Rückfall in den gröbsten Egoismus. Denn die Nation hat immer schon einen Ausgleich zwischen ihren Regionen verlangt, und dieser Ausgleich, so sehr er im einzelnen durch zentrale Willkür bestimmt gewesen sein mag, ist durchaus unverzichtbar. Wenn, beispielsweise, die Kärntner Regionalisten fordern, daß sich die Wiener mitsamt ihrem gesamtösterreichischen Parlament gefälligst nicht in ihre Kärntner Angelegenheiten einmischen sollen, dann ist immer gemeint, daß die Kärntner der in ihrer Region seit Jahrhunderten mitlebenden slowenischen Minderheit wieder einmal einige ihrer Rechte streitig machen wollen; Rechte, welche im Österreichischen Staatsvertrag, also in einem Vertrag, der von den alliierten Mächten des Zweiten Weltkrieges mit der Republik Österreich, nicht mit der Region Kärnten geschlossen wurde, festgeschrieben sind. Ein Phänomen wie die → Lega Nord, die sich jetzt dem Projekt der Republik Padanien verschrieben hat, zeigt klar, wohin der politische Regionalimus zielt: Es ist der pure wirtschaftliche Egoismus, der sich hier eine politische Bewegung schafft, um sich in seinem Revier unbedenklich nach dem Gesetz des Stärkeren austoben zu können, eine Art von Rassismus, der die Rasse nicht nach der Hautfarbe oder sonstigen altertümlichen Merkmalen faßt, sondern nach einem gattungsspezifischen Intimorgan: dem Geldbeutel.

SPRACHPOLIZEI

In meiner Kindheit gab es im Österreichischen Rundfunk eine allwöchentliche Sendung, die zu hören ich nie versäumte und deren einprägsame Kennmelodie mit diesem Text unterlegt war: »Achtung, Achtung, Sprachpolizei! / Ob richtig oder falsch ist hier nicht einerlei. / Streng bestraft der Sprachpolizist, / was gegen die Gesetze der Grammatik ist. / Achtung, Achtung, Sprachpolizei!« In Szenen, die raffiniert der Dramaturgie des damals sehr populären Hörspiels abgelauscht waren, ging es um Regelverstöße, wie sie sich im städtischen Alltag ereigneten, im Gespräch an der Bushaltestelle, beim Kaufmann, in öffentlichen Verlautbarungen oder den Ansprachen von Politikern. Gefahndet wurde, freilich mit spießiger Verkniffenheit, nach den kleinen und großen Gewalttätern an der Sprache, und geahndet wurden jedwede Verletzungen der Grammatik, wie sie im Duden gültig festgeschrieben war. Bis heute habe ich nicht vergessen, warum die noch immer unsere städtischen Busse zierende Aufforderung: »Rückwärts einsteigen«, würde sie allgemein befolgt werden, Verletzte sonder Zahl fordern müßte, von den Verzögerungen, die sich dadurch ergeben, daß die Leute vor den Türen des Busses, den vorderen wie den hinteren, sich allesamt umdrehen, um den Bus im Rückwärtsgang zu erklimmen, einmal ganz abgesehen. An der landesweiten amtlichen

Empfehlung oder vielmehr Anordnung, rückwärts einzusteigen, konnte ich immerhin zweierlei lernen: Zum einen, daß sich die offizielle Sprache bemüht, die Dinge möglichst fein auszudrücken und sei es auch um den Preis der Wahrheit; um der Bevölkerung die offenbar zu grobe, ja anzügliche, doch einzig richtige Formulierung »hinten einsteigen« zu ersparen, findet die Obrigkeit eine Wendung, die sie der Sitte und guten Laune für zuträglich hält, auch wenn sie, was gemeint ist, eher verschleiert, denn kenntlich macht. Zum anderen aber zeigte das rückwärtige verbale Einsteigen nachdrücklich, daß sich die Österreicher um die Anordnungen der Obrigkeit nicht scheren, ja, daß sie von deren Sprache gar nicht erreicht werden, denn noch keinen einzigen Menschen habe ich dabei gesehen, wie er dem amtlichen Gebot Folge zu leisten versuchte. Die frühe Entdeckung, daß die Österreicher ein Volk sind, das auch zum Ungehorsam fähig ist, danke ich also der Sprache, und vielleicht ist das ein Grund für meinen späteren befremdlichen und gewiß unangemessenen Patriotismus.

Befremdlich ist mir wiederum ein Patriotismus, wie er sich in verschiedenen europäischen Staaten in den Versuchen manifestiert, eine nationale Sprachpolizei zu etablieren. Daß es eine Verkehrspolizei gibt und die Kriminalpolizei, weiß jedes Kind, später wird es lernen, daß bestimmte Dinge feuerpolizeilich verboten sind oder vereinspolizeilich angemeldet werden müssen und die Fremdenpolizei für die → Fremden, also nur für die anderen, nicht für einen selber zuständig ist. Aber da nicht unser Hab und Gut, nicht Leib und Leben allein gefährdet sind, sondern vor allem unsere → Identität, gilt es auch die Sprache zu observieren, auf daß sie uns nicht gestohlen, besudelt, zerstört werde. Und darum haben wir, wenn wir Franzosen oder Slowaken sind, auch das Anrecht auf eine Sprachpolizei. Im zweiten Jahr ihrer staatlichen Souveränität wurde in der Slowakei eine solche Polizei ins Leben gerufen, deren Aufgabe es ist zu überwachen, ob von der West- zur Ostgrenze des neuen Staates auch wirklich nichts als Slowakisch gesprochen werde. Die Slowakei, muß man hinzufügen, ist ein kleiner Staat, herausgebrochen aus dem größeren der Tschechoslowakei, in dem sich die Slowaken nicht immer zu Unrecht als das geringgeschätzte der beiden Staatsvölker fühlten, aus einer Tschechoslowakei, die ihrerseits wiederum aus der noch viel größeren Donaumonarchie als eines von deren Zerfallsprodukten entstanden ist, einer österreichisch-ungarischen Monarchie, in der sich die Tschechen von den Österreichern und die Slowaken von den Ungarn geringgeschätzt, benachteiligt, ausgebeutet fühlten und, muß man sagen, es sehr oft auch wurden. Wiewohl ein kleiner Staat, ist die Slowakei immer noch zu groß, als daß sie nur von einer einzigen → Nation bewohnt würde, denn da gibt es Ungarn, die, zu

Zeiten der Monarchie das privilegierte, über die Slowaken regierende Volk, heute immerhin über zehn Prozent der Bevölkerung und in manchen Dörfern die große Mehrheit stellen; und da gibt es die Roma (→ Volk, fahrendes), die von der slowakischen Polizei gerne über die Grenze nach Tschechien expediert und von der tschechischen wieder zurückverfrachtet werden, als die wahren Erben und bald schon einzigen Zeugen eines Europa, das die → Grenzen nicht nach nationalen Deklarationen gezogen hat. Da die Menschen gerne die Sprache der Mutter sprechen, die sie füglich als ihre Muttersprache (→ Weltsprache? Muttersprachen!) bezeichnen, und nicht die Sprache des Vaterlandes, von dem sie fortwährend drangsaliert werden, möchten beispielsweise die Ungarn auch im noch ungewohnten slowakischen Staat gerne ihr vertrautes Ungarisch sprechen. Und jetzt ist klar, daß eine Sprachpolizei längst überfällig war, denn irgendwer muß ja darüber wachen, daß eine Minderheit von zehn Prozent nicht etwa die Mehrheit mit ihrer Sprache terrorisiere, ja heimlich und heimtückisch daran arbeite, die Identität der Mehrheit mittels sprachlicher Wühlarbeit zu untergraben. So sind die Inspektoren unterwegs, um Tafeln, die in einem vorwiegend von ungarischen Slowaken bewohnten Dorf womöglich auf Ungarisch den Weg ins Wirtshaus weisen, abzuräumen, Schilder, ehrverletzend mit magyarischen Worten beschriftet, zu demontieren, Reklamewände niederzureißen, sofern sich Worte darauf befinden, die sich nicht dem System der slowakischen Sprache integrieren. Nur aus der Öffentlichkeit möchte die slowakische Regierung das Ungarische vertreiben, indes zu Hause bei sich und seinen Kaninchen ein jeder reden möge, wie es ihm gefalle. Was Ende des Jahrhunderts neuerlich praktiziert wird, war aber schon zu dessen Beginn nichts Neues: 1924 wurde der Architekt Antonio Gaudí in Spanien verhaftet, weil er auf der Straße katalanisch gesprochen hatte. Seither hat die Sprachpolizei oft Anlaß gefunden, einen Konflikt zwischen dem Spanischen und dem Katalanischen herbeizuführen und in diesen sodann verschärfend einzugreifen. Als »Erfindung der Demokratie« wurde das Katalanische denn von den Falangisten gesehen oder besser: gehört, und es war weder ironisch noch pathetisch gemeint, sondern sollte betonen, daß das Katalanische keine naturgewachsene Sprache, sondern ein Dialekt sei, der nur dank administrativer Maßnahmen sich zur Pseudosprache zu erheben vermochte. Menschen, die diesen greulichen Dialekt sprachen, wurden im spanischen Militär die längste Zeit über seltsamerweise als »Polacken« bezeichnet, was eine wenig bekannte Form der verbalen Integration Europas darstellt: Ein in der Mitte Europas geborenes und wider die Osteuropäer verwendetes Schimpfwort erreicht auf einer langen europäischen Wanderschaft schließlich ganz den Westen, wo das Mehrheitsvolk der Spanier das Minderheitsvolk der Katalanen damit bedenkt. Heute, da die Bastionen der spanischen Wirtschaft zu einem nicht unerheblichen Teil in Katalonien ragen, hat sich vieles umgekehrt. Katalanische Nationalisten arbeiten daran, das Spanische in ihrer Region auf den Status einer Fremdsprache hinunterzudrücken, und suchen, anstatt sich mit der endlich erreichten Gleichberechtigung zweier Sprachen und dem real praktizierten Nebeneinander des Spanischen und des Katalanischen zufriedenzugeben, die Balance nicht zu halten, sondern ins Kippen zu bringen. Das wiederum nährt die Propaganda spanischer Nationalisten, die in der Stadt Gaudís schon den Tag nahen sehen, da der öffentliche Gebrauch des Spanischen untersagt sein wird.

Untersagt ist es mittlerweile jedenfalls, im ukrainischen Parlament Reden auf russisch zu halten; nach einer an Demütigungen und Verfolgungen reichen Geschichte ist die Ukraine 1991 aus dem gemeinsamen Staatsverband mit Rußland, der ein paar hundert Jahre lang ein zaristischer, 75 Jahre lang ein kommunistischer war, ausgetreten. Das Ukrainische war von russischer Seite gerne als Dialekt, als Bauernsprache abgetan worden, aus dem herauswachsen mußte, wer immer es als Ukrainer zu etwas bringen wollte. Zwischen das Ukrainische und das Russische schob sich mit der Zeit das »Surschyk«, Sonderfall einer europäischen Mischsprache, für die es keine Lehrbücher gibt, sondern bei der sich die Sprecher aus beiden Sprachen holen, was sie gerade brauchen. Seitdem mit der Erklärung der staatlichen Souveränität das Ukrainische in allen öffentlichen Bereichen gefordert ist, können freilich weder das Russische, das bisher im städtischen Bereich und in intellektuellen Belangen überwog, noch das unreine Surschyk mehr hingenommen werden, und so sind, als Vorbilder der Nation, zuerst die Abgeordneten angehalten, sich im Parlament des Ukrainischen womöglich in seiner hochliterarischen Form zu bedienen. Nicht zuletzt viele nationalistische Politiker sind freilich, in der Sowjetunion ausgebildet, des von ihnen rigoros geforderten Ukrainischen gar nicht so mächtig, daß ihre Kenntnisse ausreichen, ein komplexes Thema fließend auf ukrainisch darzustellen, und so fallen sie, während sie die nationalen Interessen der Ukraine gegenüber Rußland lauthals verfechten, dabei in der mündlichen Rage immer wieder in das verpönte Russisch zurück. Daran haben auch die hilfreichen Leitfäden noch nichts ändern können, die den Politikern im Schnellkurs den richtigen Gebrauch des Ukrainischen lehren sollen, weswegen die Parlamentsdebatten in Kiew häufig in die heftigsten gegenseitigen Beschimpfungen ausarten, mit denen sich die nationalen Führungskräfte gegenseitig auf russisch vorhalten, nicht ukrainisch zu können und so das teure Vaterland zu verraten.

Wenigstens im Streit wird das Russische den ukrainischen Nationalisten nützlich sein, denn keine andere europäische Sprache hat eine so edle, reich ausgefächerte Tradition der Vulgärsprache wie das Russische, das dicht unterhalb der alltäglichen noch eine zweite Sprachschicht ausgebildet hat, in der Schmäh- und Schimpfwörter vom Groben zum Liebenswürdigen in vielerlei Facetten vorhanden sind. Nicht gegen diese gewissermaßen durch Tradition und Literatur geadelte Vulgärsprache war ein Präsidentenerlaß vom Sommer 1996 gerichtet, mit dem ernsthafte Maßnahmen gegen den Verfall der russischen Sprache angekündigt wurden. Die präsidiale Sorge war eigenartigerweise auch nicht von einer unübersehbaren Entwicklung verursacht, die das Russische seit einigen Jahren verändert. Seitdem nämlich die kriminellen Gangs der Sowjetzeit weite Teile der Wirtschaft in Besitz genommen haben, ist auch die Gaunersprache, dieses System aus Geheimworten und übertragenen Begriffen, weit in die Normalsprache eingedrungen. Worte, die vordem nur einer Minderheit bekannt waren und von dieser als identitätsstiftende Markierungen gesetzt wurden, nisten sich zäh in der Alltagssprache des Russischen ein. So bezeichnet das harmlose »kryscha« eigentlich nichts anderes als ein Dach, in der Gaunersprache aber steht es für den Tribut, der an einen Schutzgelderpresser periodisch zu entrichten ist. Diese Verwendung des Wortes ist nicht neu, neu ist nur, daß sie nicht allein einer kriminellen Szene bekannt ist, sondern mittlerweile von allen gebraucht wird. Als zur letzten Wahl die Partei des Ministerpräsidenten Tschernomyrdin, die sich »Unser Haus Rußland« nennt, mit dem schönen Symbol des Hauses arbeitete und diesem, wie es sich gehört, auf ihren Plakaten ein Dach draufsetzte, hat ihr diese unschuldige Werbekampagne ein sehr verfängliches Ansehen verschafft. Die Bevölkerung assoziiert mit dem Dach nämlich nicht mehr jenen Schutz, den ein intaktes Haus seinen Bewohnern gewährt, sondern die gemeine Erpressung, deren Opfer so viele Russen heute werden, die ihre Steuer in Form von Schutzgeldern an die Mafia abzuführen haben. Wer nun denkt, der Präsidentenerlaß zum Schutze der russischen Sprache würde sich um derlei Dinge besorgt zeigen, der irrt; wogegen er die Sammlung aller nationalen Kräfte beschwört, das ist vielmehr die Amerikanisierung, wie sie vor allem in den Sphären von Konsum und Unterhaltung in Rußland Einzug gehalten hat. Nein, nicht einmal diese hat ihn veranlaßt, sondern einzig, daß der realen Amerikanisierung auch eine sprachliche entspricht, daß also Dinge und Entwicklungen, die Amerika abgeschaut wurden und aus Amerika gekommen sind wie die Pop-Kultur, auch mit amerikanischen Lehnwörtern bezeichnet werden. Mag ringsum in Rußland kein Stein mehr auf dem anderen bleiben, der Angriff auf die Identität ist offenbar erst bedrohlich, wenn der Fraß, den glücklich alle hinunterwürgen, auch wirklich Fast food heißt und nicht aus dem heiligen

Altrussisch abgeleitet wird, in dem ewig die Birkenwälder rauschen und der Geruch von schwerem Brot liegt. Was die Regierung möchte, ist also Amerikanisierung ohne Amerikanismen, business, das sich ungehemmt entfaltet, aber dank bürokratischer Reglementierung anders heißt. In seinem Bestreben, die nationale Würde aufs nationale Wort zu beschränken und dieser Beschränkung gleich Amtscharakter zu verleihen, ähnelt der russische Präsidentenerlaß einer Weisung der französischen Regierung, die vor ein paar Jahren die sprachpolizeiliche Verfolgung der Anglizismen im französischen Staatsgebiet verlangte; freilich hat es die französische Regierung in dieser Sache zu nicht mehr als einigen allseits verhöhnten Ankündigungen gebracht.

SRČE EUROPE, slowakisch

Wo ist die Mitte Europas, in der das Herz des Kontinents schlägt? Ein österreichischer Universitätsprofessor für Geographie, der seine Prüfungsfragen stets so lebenspraktisch stellte, daß seine Studenten in den Abgrund des Surrealismus blickten, wußte es ganz genau. Sie stehen also, begann er, im Bahnhofsrestaurant von Mühlhausen im Elsaß, um noch schnell einen Kaffee zu trinken und eine Zigarette zu rauchen, und dabei blicken Sie durch das Fenster in exakt nordnordöstlicher Richtung, nun, was sehen

Sie dann in beiläufig 2660 Kilometer Entfernung? Die richtige Antwort mußte natürlich Hammerfest lauten, aber das wußten unsere Studenten damals nicht immer zu melden, denn diese Versager konnten sich ja ohne Atlas und Winkelmesser auch nicht vorstellen, daß sie von Brüssel in 18 Grad südöstlicher Richtung schon nach 1742 Kilometer die Stadtgrenze des rumänischen Jassy erreicht haben. Der in der Fachwelt hochangesehene Professor hatte seinen Lebtag Europa vermessen und war nicht angestanden, Fehler, die ihm unterlaufen waren, zu korrigieren. So wies er in seinem Spätwerk schlüssig nach, daß die Annahme seiner frühen Studien, die geographisch-geometrische Mitte Europas liege in der Gegend von Linz, nicht zutreffend sei, sich der Mittelpunkt vielmehr gute 65 Kilometer südwestlich davon im Salzkammergut befinden müsse. Die diesbezüglichen Forschungen des österreichischen Professors haben leider ihren Weg von der Universität Salzburg nicht konsequent in annähernd östlicher Richtung (Abweichung 5 Grad nördlich) durchgehalten, wo sie nach 302 Kilometern Luftlinie das Geographische Institut der Universität Bratislava erreicht hätten. Von diesem nämlich ist zweifelsfrei berechnet worden, daß das Herz Europas nicht im Ausseer See versunken ist, sondern in einem slowakischen Dorf am Fuße der Großen Fatra, nicht allzuweit entfernt von dem Flusse Nitra ruht. Orientiert man sich in Krochule nämlich an der katholischen Kirche, was auch in der Slowakei nicht mehr allzu viele tun, dann entdeckt man in ihrer näheren Umgebung einen schönen Stein, auf dem »Srče Europe« steht, Herz Europas, und die Erklärung, daß man sich, diesen Stein betrachtend, präzise in der geographischen Mitte Europas befinde. Sieht man davon ab, daß zwei Herzen Europas, wissenschaftlich gut abgesichert, auch in Slowenien und in Prag schlagen, drängt sich die Frage auf: Europa spricht viele Sprachen, sollte es auch viele Mitten haben?

Das Nationale Institut für Geographie in Paris hat sich jedenfalls mit dieser Ungewißheit nicht abfinden wollen und sich in einem aufwendigen Forschungsprojekt auf die Suche nach der wahren Mitte begeben, die inmitten so vieler angemaßter verschwunden war. Definitiv wissen wir jetzt, daß sich die Mitte Europas dort befindet, wo sich 25 Grad und 19 Minuten Länge mit 54 Grad und 54 Minuten Breite schneiden. Von Prag ist das nur knapp 900, vom Ausseerland nicht einmal 1100 und von der Staatsgrenze Sloweniens keine 1210 Kilometer entfernt. Kaum hatte das französische Institut die amtliche Mitte Europas festgelegt, wurde diese mit einer schlichten, doch würdigen Granitplatte markiert. Mittlerweile ist die Mitte Europas durch einen braunen Fleck in der die Mitte Europas umgebenden Wiese gekennzeichnet. Denn die Granitplatte war schwer genug, daß sie das Gras darunter erstickte, aber nicht schwer genug, daß sie nicht bald gestohlen wurde. Der braune Fleck befindet sich übrigens eine halbe Autostunde nördlich von Vilnius, unweit der Straße, die die litauische Hauptstadt mit dem kleinen Städtchen Moletai verbindet. Nun werden sich manche ungläubig fragen, wie es sein könne, daß die Mitte Europas so weit im Osten und so hoch im Norden liege? Und man kann ihnen mit geographischer Resignation nur antworten, daß Europa eben östlicher ist, als sie glauben möchten, und nördlicher, als sie vom Urlaub her wissen. Aber noch ist Hoffnung für jene, die sich jetzt zu weit ab von der Mitte wähnen. Europa insgesamt ist ja nicht am Erdkern festgeschraubt! Vielmehr schwimmen die riesigen europäischen Erdplatten, deren Oberfläche das Antlitz unseres Kontinents ausmacht, auf dem flüssigen Erdmantel, und hier herrscht auch Jahrtausende, nachdem mit Atlantis zum letzten Mal ein Erdteil verschwunden ist, noch immer ein ungeheures Geschiebe und Gedrücke. Europa, wissen die Geologen, ist also unausgesetzt in Bewegung, nichts steht ein für allemal fest, was heute vermessen wurde, schlägt morgen schon falsch, und wo jetzt noch Rand ist, mag bald schon Mitte sein.

TUTIŠA, litauisch

Trafen sich in Vilnius oder um Vilnius herum die Leute und war einer darunter, der schon damals, zur sowjetischen Zeit, genau wissen wollte, was gar nicht wissenswert war, neugierig auf etwas, das außer ihm niemanden interessierte, und fragte er also, ob er es bei seinem Gegenüber mit einem Russen, einem Polen oder einem Litauer zu tun habe, so antwortete ihm der Angesprochene leichthin mit einem klugen Wort, das der Umgangssprache entstammt, wie sie nur in der Gegend von Vilnius gesprochen wird, jener Stadt, die von alters her und nicht immer einträchtig von Russen, Polen und Litauern bewohnt wird: Er sei natürlich ein »Tutiša«, was so viel heißt wie ein Hiesiger, und was noch viel mehr hieß: er wäre nicht Litauer noch Pole oder Russe, sondern alles zusammen oder auch gar nichts davon, eine nicht mehr exakt zu bestimmende Mischung dieser Teile oder vielmehr etwas unbenennbares Viertes, jedenfalls einer, dem der Zweck seiner Existenz nicht darin blüht, daß er sie fest zu umreißen wüßte; einer von da eben, ein Hiesiger also, was im Ende nichts Besseres und nichts Minderes bedeute, als einer der drei erwähnten Nationalitäten zugehören zu wollen, nur eben – etwas anderes: Tutiša. Ein schönes Wort aus vergangenen, gar nicht friedfertigen Tagen, das in den letzten Jahren rasch aus der Mode gekommen ist.

UMVOLKUNG

Die deutsche Vorsilbe »um« drückt eine eigentümliche Bewegung aus, die ein Subjekt tätigt oder ein Objekt erfährt, doch wohin diese Bewegung zielt, ist von ihr so eindeutig nicht festgelegt. Der gewissenhafte Autofahrer etwa wird immer darauf achten, einen ordnungsgemäß seinen Dienst versehenden Polizisten zu umfahren und tunlichst zu vermeiden, diesen umzufahren. Was das vorangestellte »um« besagt, verrät in manchem Zweifelsfalle erst die Betonung, denn die Um*fahrung*, die den Verkehr um eine Stadt herumführt, ist etwas anderes als der oben geschilderte Unglücksfall einer *Um*fahrung, die einen nicht erwünschten Effekt der Verkehrsberuhigung darstellt. Schwierig wird es, wenn ein bekanntes Wort mit »um« so verbunden wird, daß daraus ein neues, bisher unbekanntes Wort entsteht, für dessen Betonung es noch keine Erfahrungswerte gibt. Ein solches Wort hat im Winter 1992 Andreas Mölzer, damals bildungspolitischer Ideologe der Freiheitlichen Partei Österreichs, geprägt, indem er vor der »Umvolkung« der deutschen »Volks- und Kulturgemeinschaft« warnte.

Um*volkung*? Im Sinne von Umgehung, Umfahrung, Umschreibung? Dann müßte man nicht nur gehen, fahren, schreiben können, sondern auch volken oder besser wohl: völken. Laut Duden kann man das nicht, aber ich bin mir sicher: manche können. Und schließlich gibt es auch die Umzingelung, ohne daß man vorher hätte zingeln dürfen! Um*volkung*, wie Umzingelung gesetzt, würde jedoch bedeuten, daß jemand sich mit Volk umgibt, mit viel Volk, oder aber, daß er etwas mit Volk, mit viel Volk, umgeben läßt. Insofern muß man die diversen populistischen Parteien Europas, deren erfolgreichsten eine die Freiheitliche Partei Österreichs ist, tatsächlich als schon besorgniserregend umvolkt bezeichnen: Wohin man sieht, ob nach Frankreich oder Belgien, nach Italien oder Österreich – überall wächst die Um*volkung* der rechten Führer. Was hat der Ideologe der Freiheitlichen Partei dann gegen die Umvolkung, wo sie ihm doch so zupaß kommt und seiner Partei eine Macht gibt, die vorher undenkbar schien?

Es steht zu befürchten, der Mann meinte nicht Um*volkung*, sondern *Um*volkung und er hätte sein Wort analog zu Umarbeitung, Umformung, Umgestaltung, Umschulung geschaffen. Solch betonte Vorsilbe deutet an, daß etwas seine Richtung ändert oder ändern muß, notabene seine Umkehrung erfährt und sich nun in die gegenläufige Richtung entwickelt. Wer in diesem Sinne umdenkt, denkt heute anders, als er gestern dachte, und was umgeordnet wird, soll schon morgen nicht zum Wiedererkennen sein. Diese Umvolkung gilt mithin nicht bloß einem Volk, das gerade dabei ist, sich zu verändern, was ja freilich mit jedem Volk zu jeder Zeit geschieht; auch wenn der Deutschnationale es vielleicht nicht weiß, so ist das Objekt seiner völkischen Zuneigung nämlich mit den Cheruskern, Sueben, Chatten, Wandalen nicht identisch. Doch selbst wenn es das wäre, dürfte der ethnische Säuberungswahn darüber erst recht nicht froh werden, denn all diese germanischen Stämme hatten schon zu ihrer Zeit fortwährende Umvolkung erfahren und sich auf ihren langen Wanderungen mit ungezählten Völkerschaften verbunden, zusammengetan, vermischt. Nein, die betonte Vorsilbe hat nicht bloß den Sinn, daß sich etwas verändere, sondern daß es sich grundsätzlich verändere, daß es sich entgegengesetzt als zuvor bewege. Wer umkehrt, weicht eben nicht bloß um ein Geringes von seinem Weg ab, sondern eilt just dorthin zurück, von wo er aufgebrochen war.

Diese Drehung, Umdrehung mitbedacht, behauptet Umvolkung nichts anderes, als daß die deutsche Volks- und Kulturgemeinschaft neuerlich das wird, was sie schon einmal war, indem sie nämlich dorthin zurückkehrt, von wo sie herkommt. Das mag zwar sicher das Ziel sein, das dem Wortschöpfer der Umvolkung vorschwebte, daß es sein Wort selber aber schon verrät, widerfuhr ihm gewiß unbeabsichtigt. Denn gerade im Gegenteil pries er die Umvolkung der Deutschen nicht als jenen Prozeß, der sie wieder ins Tausendjährige Reich zurückführe, sondern als Gefahr, die ihnen drohe, und zwar, wie es hieß, »zum ersten Mal in tausendjähriger Geschichte«.

Einen so langen Zeitraum über wäre nämlich die »biologische Potenz der Deutschen« stets stark genug gewesen, »um der assimilierende Faktor zu bleiben«, was heißt, daß es bisher immer die anderen waren, die von den Deutschen umgevolkt wurden; jetzt aber, von Reichtum geschwächt, ermangelten die Deutschen der Potenz, die Welt weiterhin mit deutschem Kultur- und Erbgut zu bestimmen, indes sie dazu übergehen, solche Befruchtung von anderen zu empfangen, nicht zu sagen: Umfruchtung zu erleiden. So verstandene Umvolkung macht aus Deutschen langsam Türken, ohne daß jene noch merkten, was mit ihnen geschieht, ja, schlimmer, es macht aus einem männlichen Volk, das Deutsches gibt, ein weibisches Volk, das Undeutsches nimmt. Kurz, es steht schlimm. Hoffen wir, das Allerschlimmste nicht mehr bewußt erleben zu müssen, deutsche Soldaten mit Kopftuch. Wotan, erhöre dein Volk und gewähre ihm noch vor der Umvolkung gnädig Umnachtung.

VOLK, FAHRENDES

Für jene Menschen, die in Volkes Sprache immer noch Zigeuner heißen, sind in den letzten Jahren recht seltsame Worte geprägt und uralte Namen wieder in Verwendung gebracht worden. Manchem, dem die Vorsicht rät, sich belasteter Begriffe zu enthalten, entschlüpft die Sprache des Unmenschen freilich auch dann, wenn er seine Worte bedächtig und verblümt setzt. So wird in der lokalen Presse kaum mehr über die »Landplage der Zigeuner« geklagt, sondern statt dessen vermeldet, daß die Bevölkerung sich von dem »fahrenden Volk«, dem »bunten Völkchen der Landfahrer« am Rand der Stadt belästigt fühle. In der harmlosen Meldung lauert ein heimlicher Aufruf zum Pogrom, denn damit man sich ihrer tatkräftig annehmen kann, müssen die Ängste der Bevölkerung erst einmal geweckt sein; und im »fahrenden Volk«, so folkloristisch die Bezeichnung sich gibt, ist jene Gruppe jedenfalls noch zu erkennen, auf die der Haß des Volkes so zuverlässig zu lenken ist. Was immer den Roma angetan wurde in Österreich, Deutschland, Tschechien, Polen und sonstwo, noch immer sind es die anständigen Österreicher, Deutschen, Tschechen, Polen, die vor den Roma, nicht die Roma, die vor dem Anstand ihrer Verfolger geschützt werden sollen. Bei keiner anderen Gruppe konnte man sich denn so leidenschaftlich an der nazistischen Verfolgung beteiligt haben und dennoch gleich 1945 wieder als Experte für Zigeunerforschung in staatliche Beiräte und akademische Institute berufen werden.

In ihrem Bestreben, das abwertende Wort »Zigeuner« zu vermeiden, ist aber auch die jetzt gebräuchliche Formel »Sinti und Roma« eher kurios, denn Sinti sind jene Roma, die schon seit Jahrhunderten in Deutschland leben, sich in der deutschen Kultur verwurzelt haben und der deutschen Geschichte eng verbunden sind. Das eine ohne das andere nicht mehr sagen zu können, ist bei Sinti und Roma so sinnvoll, als spräche man stets von »Bayern und Deutschen« oder von »Deutschen und Europäern«. Die innige, jahrhundertealte Verbundenheit mit der deutschen Kultur besteht für die Sinti, die sich als deutsche Volksgruppe empfinden, freilich auch darin, daß sie in ihrer → Heimat von wechselnden Regimen gleichermaßen verfolgt wurden; die Begründungen, deren die Verfolger bedurften, um ihr Tun als patriotisches zu legitimieren, sind alten Mythen, Legenden und Vorurteilen geborgt, die schon früh jene Vernichtung verlangten, die der Nationalsozialismus exekutieren sollte. Immerhin hatte schon der preußische König Friedrich Wilhelm I. die Sinti in einer Instruction von 1725 für vogelfrei erklärt, also vorsorglich jeden von Strafe exkulpiert, der einem Sinti das Leben zu nehmen beabsichtigte. Die Lage der Sinti sollte immer dann prekär werden und in die tägliche Gefahr des Pogroms kippen, wenn ein Schub der Modernisierung überkommene Lebensformen der Bevölkerung bedrohte und sich viele Menschen ihrer traditionellen Sicherheiten beraubt sahen. Schon das erste Dokument, das die Verfolgung der Sinti zu einem gemeinsamen Anliegen europäischer Mächte erklärt, der »Ewige Landfrieden«, den der Reichtstag zu Worms erließ, war 1495 in einer solchen Krise an der Epochenwende zur Neuzeit abgehalten worden. Und bis hin zum Reichskanzler Bismarck, der sie kalkuliert dem Haß der von der Industrialisierung verunsicherten, von Proletarisierung bedrohten Deutschen auslieferte, sollten sich Kaiser und Könige, Herzöge und Grafen, Landeshauptleute und Bürgermeister der Sinti immer dann besinnen, wenn der Bevölkerung ein Opfer der Modernisierung abverlangt wurde, sie also selber anonymer wirtschaftlicher Gewalt ausgesetzt war.

Die Roma, die etwa acht Millionen Menschen zählen, sind seit gut sechshundert Jahren Europäer, und ausgerechnet sie, die heute noch überall an den Rand gedrängt leben, verkörpern auf existentielle Weise schon lange, was den neuen Europäern von morgen abverlangt wird: finden sie sich doch in einem Europa zurecht, in dem der einzelne der alten Sicherheiten des Nationalstaats verlustig geht, und wissen sie sich doch, vielerlei Einflüssen ausgesetzt, ihre kulturelle Einheit inmitten fremder Völker zu erhalten. Die Roma als vorbildliche Europäer der hereinbrechenden Zeit bilden eine Gemeinschaft ohne Territorium (→ Nationalismus). Zwar siedeln sie in bestimmten Gebieten dichter als anderswo, etwa ganz im Osten Europas in Rumänien und Moldawien oder ganz im Westen in Andalusien, doch zu einem eigenen Staat, zu einem eigenen Bundesland innerhalb eines Staates, zu einer autonomen Region, auch nur zu einem Bezirk innerhalb einer Region haben sie es nie gebracht. Nicht einmal der Wunsch, sich staatlich zu einen, ist von ihnen historisch überliefert, denn die Roma denken nicht in Staaten, sondern in Familien und in → Grenzen: in Familien, deren Mitglieder in die Welt hinausziehen und doch immer wieder zusammenkommen müssen, und in Grenzen, die dieses Zusammenkommen schwierig machen, behindern, aber durch keine Repression je wirklich verhindern können. Die Roma sind eine Gemeinschaft ohne Territorium und ohne nationale → Identität; nationale Mythen, in denen sie dieser Identität innewürden, kennen sie nicht, und selbst ihre Religiosität eint sie nicht zur Gruppe, wie auch ihre Sprache, das Romanes, keine so verbindliche Form ausgeprägt hat, daß die Roma aller Staaten sich in ihr als Gemeinschaft erfahren könnten.

So lange es ein Fluch war, staatenlos zu sein, haben die europäischen Staaten alles getan, die Roma nirgendwo als Staatsbürger anzuerkennen, um ihnen da wie dort gegebenenfalls das Heimatrecht entziehen zu können. Seitdem just dem Staatenlosen durch internationale Konventionen bestimmte Rechte zuerkannt werden, sind die Roma gerade im Gegenteil europaweit nicht mehr als staatenlos anerkannt, sondern zu Staatsbürgern der diversen Länder ernannt worden, in denen sie bisher als Staatenlose gelebt hatten. Vor einigen Jahren hat die junge Republik Tschechien eines ihrer glorreichen Aufbaugesetze geschaffen, dessen einziger Zweck die gesetzeskonforme Ausweisung möglichst vieler der im Lande lebenden Roma war. Denn um die neue Staatsbürgerschaft Tschechiens zu erhalten, wurde den tschechischen Roma ein dreifacher Nachweis auferlegt: daß sie des Tschechischen fließend mächtig sind, was vielen von ihnen, die im gemeinsamen Staat der Tschechen und Slowaken eher das Slowakische bevorzugt hatten, schwer fiel; daß sie seit zwei Jahren ihren festen Wohnsitz im tschechischen Staatsgebiet hatten, was vielen nicht gelang, da sie an den Rändern der Städte ohne polizeiliche Anmeldung gelebt hatten oder im ganzen Staatsgebiet unterwegs gewesen waren; und schließlich, daß sie in den letzten fünf Jahren keine Vorstrafen erhalten hatten, was für sie schwierig war, nicht weil sie sich so vieler krimineller Vergehen schuldig gemacht hätten, sondern weil sie zu Zeiten des Kommunismus fortwährend für Straftaten wie »Arbeitsverweigerung«, »versäumte Schulpflicht«, »Verstoß gegen das Meldegesetz« abgeurteilt zu werden pflegten. Im

Aufbau des eigenen, westlich-liberalen Staates suchte Tschechien sich also noch rasch einer jahrhundertelang mitwohnenden Gruppe in größtmöglicher Zahl zu entledigen und so nebenhin auch die Familieneinheit zu zerschneiden, die für die Roma überlebenswichtig ist und sich über die Grenzen der neu geschaffenen Staaten Tschechien und Slowakei erstreckt. Mittlerweile aber hat sich in Europa einiges geändert, und da der Staatenlose nicht einfach mehr in den nächsten Staat verfrachtet werden darf, gilt es auch die Roma anders zu klassifizieren, will man sie wie bisher außer Landes schaffen können. Konnte es einem in Rumänien ansässigen Roma früher etwa verweigert werden, zu einem Treffen seines Clans nach Deutschland einzureisen, eben weil er als Staatenloser keinen Anspruch hatte, die Grenzen zu überschreiten, wird ihm die Einreise heute verweigert, gerade indem er zum rumänischen Staatsbürger erklärt wird, der gerade deswegen, weil er kein Staatenloser mehr ist, nicht einreisen darf!

Die Roma sind eine Gemeinschaft ohne Staat, ohne gemeinsame Staatsbürgerschaft, ohne nationale Mythen und nationale Identität, ohne vereinigende Kirche, mit einer dialektal vielfach aufgesplitterten Sprache – rätselhaft ist ihr Beharren, sich selber weiterhin als Gruppe zu identifizieren, und geradezu unbegreiflich ihre Fähigkeit, in solcher Vielfältigkeit der Bezüge eine gewisse kulturelle Einheit zu entfalten. Einzelnen Staaten zugewiesen, zielt die familiale

Kultur der Roma über die Existenz der Einzelstaaten hinaus ins Europäische, weswegen ihnen als ersten eine gemeineuropäische Staatsbürgerschaft zuzuerkennen wäre, die sie berechtigt, mit einer eigenen Legitimation die ihnen wesensfremden Staatsgrenzen zu überschreiten. Denn die Kultur der Roma ist transnational, und daß sie den Begriff der »transnationalen Minderheit«, der zuletzt für sie diskutiert wurde, ablehnen, hängt einzig damit zusammen, daß sie in ihm einen neuen Schachzug der Obrigkeiten fürchten und, ihren Erfahrungen entsprechend, auch fürchten müssen. Wären sie nämlich erst als solche transnationale Minderheit anerkannt (→ Quote), könnte es manchem Staat, der sie längst los sein will, womöglich leichter fallen, sie los zu werden und sich aller seiner Verpflichtungen den Roma als Staatsbürgern gegenüber zu entpflichten.

WELTSPRACHE? MUTTERSPRACHEN!

Einer der angesehensten europäischen Literaturpreise ist der Große Europäische Kinderbuchpreis, den die Buchmesse von Bologna alljährlich an einen bedeutenden, überregional wirkenden Repräsentanten der Kinder- und Jugendliteratur verleiht. Wie die Zeitungen regelmäßig verlauten, dürfen der hochkarätig besetzten Jury statutengemäß Bücher in deutscher, englischer, französischer und italienischer Sprache zur Prüfung eingereicht werden. Wie viele Sprachen das große, an Kultur so reiche Europa doch hat, gleich vier! Das wird nicht nur die Kinder in Portugal und Dänemark, in Tallinn und Saloniki, am Ebro und am Ohrid-See freuen. Manchen ist aber selbst das noch zu viel, und so ist auch schon gefordert worden, Europa müsse sich um der blühenden Zukunft wegen seiner sprachlichen Vergangenheit entschlagen und in einer gemeinsamen Sprache aller Europäer zusammenzufinden. Die das fordern, meinen meist das Englische, für das zu sprechen scheint, daß es angeblich eine leichte, also eine Sprache ist, die zu erlernen nicht viel Begabung erfordere noch Mühe abverlange und in der es ohnehin schon fast ein jeder Bewohner der Erde zu einigen Grundkenntnissen gebracht hat.

Daß es die Vielfalt der Sprachen wäre, die dem Fortschritt entgegenstehe und verhindere, daß sich die Erdbevölkerung zur großen Familie vereine, hat vor hundert Jahren bereits ein wohlmeinender Arzt aus Warschau vermutet, der edle Ludwig Zamenhof, der sich, künftigen Zwist unter den Menschen auszuschließen, in ungezählten einsamen Stunden Grammatik und Wortschatz einer künstlichen Weltsprache abrang. Als der Turm zu Babel einstürzte, war auch die gemeinsame Sprache der Menschen in Scherben zerbrochen, und das Esperanto, wie es Ludwig Zamenhof entwickelte, mochte sie wieder zusammenleimen. Wiewohl es idealistische Menschen in vielen Ländern begeisterte, konnte sich das Esperanto als universale Weltsprache doch nie recht durchsetzen. Hinter der guten Absicht, eine Weltsprache künstlich zu schaffen, lauert meist der gar nicht gütige Traum, sie bürokratisch, per Verordnung oder mittels medialer Gewalt zu etablieren. Nun erschöpfen sich die menschlichen Sprachen aber nicht in dem, was ein Computerprogramm ihnen ablesen kann, und auch die Verständigung, der sie dienen, ist in der Summe übersetzter Begriffe und Wörter nur unzureichend zu fassen. Selbst daß es ihre verschiedenen Sprachen sind, die für die Mißverständnisse zwischen den Menschen verantwortlich wären, und sich diese besser vertrügen, wenn sie nur erst alle Esperanto, Englisch, Chinesisch oder Basic beherrschten, ist purer Unsinn. Wie jeder Utilitarismus, der ja keinem anderen Ziel als der Nützlichkeit zueifern möchte, schafft auch dieser sprachpolitische Utilitarismus, der sich nach dem Wahnbild des reibungslosen kommunikativen Verlaufs richtet, in Wahrheit das Gegenteil von dem, was er anstrebt: nämlich Verwirrung.

Stimmt denn der Eindruck, daß das europäische Sprachengewirr immer unübersichtlicher wird? Mitnichten! Im Mittelalter, als die Einheit Europas unter dem Zeichen des Kreuzes verwirklicht war (→ Nation), ist das Ineinander der europäischen Sprachen allerorts geradezu unauftrennbarer Alltag gewesen. So wurden im 16. Jahrhundert in einer Metropole wie Wien auf den Straßen mehr als ein Dutzend Sprachen gesprochen, nicht von Durchreisenden oder kurzfristig Ansässigen, sondern von den aus allen Richtungen herbeiströmenden Händlern, Hofbeamten, der intellektuellen Elite des Staates. Und noch im 18. Jahrhundert war Frankreich ein mehrsprachiges Land, in dem neben dem Französischen das keltische Bretonisch und die Sprache der ersten Minnesänger, das Okzitanische, gleichberechtigt im öffentlichen Leben rangierten. Erst die Französische Revolution gab sich die Gleichheit, diese Sprachen rigide zurückzudrängen und das ganze Territorium des Staates sprachlich zu unifizieren (→ Nationalismus). Da noch immer gut zehn Millionen Franzosen das Okzitanische als ihre erste Sprache empfinden, finden sie in ihrem Vaterland für ihre Muttersprache keine andere → Heimat mehr als die des Folkloristischen. Wo die eine Zentralsprache durchgesetzt wurde, sind die anderen

Sprachen eines Landes meist in den Status von Dialekten niedergedrückt, der Küche, dem engen Kreis des Dorfes, einem mit Sentiment gut gepolsterten → Regionalismus zugewiesen.

Der ganz heutige Versuch, das Englische nicht als simpel sinnvolle Verkehrssprache, sondern als neue europäische Gemeinsprache zu etablieren, ist so wie der abgelebte Traum, mit dem Esperanto eine Weltsprache zu schaffen, heillos an die Ideologie des erpreßten Fortschritts verloren. Dieser ist von der Vision der Einheit besessen, von der vernünftigen Ordnung, in der die Reihen gleichförmig gestanzter Staatsbürger allezeit einsatzbereit dastehen, von diesem dunklen Furor, daß die Nacht demokratisch sei, weil in ihr alle Katzen grau daherschleichen. Diesem Fortschritt, der sich selbst dann, wenn er sich auf die Vernunft beruft, nie anders denn in Kategorien des Staates, der Macht und der Ordnung versteht, als Staat gewordene Macht der Vernunft etwa, diesem Fortschritt gerät alles zur Störung, was die Menschen von ihren abweichenden, vermeintlich reaktionären, partikularistischen Traditionen nicht bereit sind preiszugeben. Im Europa der Vaterländer muß daher das Europa der Muttersprachen mit aller Macht zurückgedrängt werden, weil die Muttersprachen das Gedächtnis repräsentieren, in dem der Widerstand keimt. Was das vaterländische Europa der Wirtschaftsstrategen braucht, sind fungible, gedächtnislose Arbeitskräfte, die sich problemlos von da nach dort verpflanzen lassen, und Führungskräfte, die einzig in ihrem Konzern und ihrer Karriere zu Hause sind: Das Europa der Muttersprachen ist solchem Fortschritt nichts als ein gefährliches Hindernis.

Darum werden jetzt überall Kindergärten, Volksschulen, Gymnasien gegründet, in denen die Kinder der aufgeklärten Elite schon die elementare Unterrichtung weder in der eigenen Muttersprache noch, um ein österreichisches Beispiel zu geben, in den Muttersprachen der hier mitlebenden Tschechen, Türken, Serben oder Slowenen erfahren, sondern in Englisch oder Französisch. Vorgeblich geschieht dies, weil sich der Erwerb kleiner, randständiger Sprachen ja nicht auszahle – als hätte schon der Spracherwerb keinen anderen Wert als den, der sich später ökonomisch aus ihm ziehen läßt; tatsächlich aber, weil die Eltern in ihrer Panik, sich zum Besten ihrer Nachkommen künftigen Entfremdungen gleich vorbeugend anzupassen, schon ahnen, daß im neuen Europa keine Renitenz, wie sie aus der Sicherheit der Muttersprachen wachsen kann, mehr angebracht sein wird, sondern eine Flexibilität, die auf paradoxe Weise zugleich weltgewandt und gehorsam ist. In seinen letzten Essays hat der russische Dichter Joseph Brodsky, der keineswegs an alter Scholle klebte, sondern seine späten Werke in der Sprache des Exils, in einem amerikanischen Englisch, schrieb, kurz vor seinem Tod hat Brodsky die so vielfältig bedrohte menschliche Sprache verzweifelt beschworen; nicht weniger als den Fortbestand der Menschheit selber machte er vom Fortbestand der Sprachen abhängig, weil er erkannte, daß Integrität und Souveränität des Menschen sich gerade in seiner Sprache behaupten, verwirklichen. Wer auf seiner Sprache beharrt, und sei es eine, die nur eine kleine Anzahl von Menschen als Muttersprache betrachtet, der sucht sich also keineswegs an das Abgelebte zu klammern, dessen Verschwinden notwendig ist und daher auch nicht zu betrauern wäre. Er stemmt sich dem Neuen, das kommen muß, nicht aus dumpfem Ressentiment entgegen, sondern sucht es, indem er das Menschenrecht der eigenen Sprache nicht preisgibt, zu humanisieren. Die Vielfalt europäischer Sprachen zu respektieren, gerade wo solcher Respekt unpraktisch ist und den reibungslosen Geschäftsverkehr der Europäischen Union zu stören vermag, ist unverzichtbar. Manche Entscheidungen, wie sie die transnationalen Gremien treffen, werden sich gewiß verzögern, und was rasch gehen soll, egal wohin, wird langsamer gehen; der Imperativ der Geschwindigkeit büßt seine Macht vor der Vielfalt an Sprachen, vor dem Selbstbewußtsein der Sprachgruppen, der Geschichte ein. Europa wird nur eine Sprache haben oder es wird kein Europa sein, hat einmal ein Publizist gemeint, aber umgekehrt gilt: Europa wird viele Sprachen haben oder es wird uns mit wenigen die Barbarei lehren.

XARNEGU, baskisch

Das Baskische ist eine innerhalb der heutigen europäischen Sprachfamilien rätselhaft isolierte Sprache, über deren Herkunft die Linguistik einige anziehende Spekulationen angestellt hat. Eine lautet, das Baskische wäre der einzige Überlebende einer uralten mediterranen Sprachfamilie, von der einige ferne Abkömmlinge allenfalls noch im Sprachengewirr des Kaukasus zu finden sein müßten. Die Basken selber, in ihrer Herkunft nicht minder rätselhaft wie ihre Sprache, sind eine jener Minderheiten (→ Quote), die jahrhundertelang zäh einem überlegenen Zentralstaat widerstanden und von all dem Leid, das sie dabei erfuhren, in eine Religion des Unterschieds getrieben wurden, der die Abweichung um jeden Preis, die Differenz zum benachbarten Mehrheitsvolk schon als Qualität für sich gottgefällig erscheint (→ Identität). Minderheiten und kleinen Völkern droht ja nicht bloß die Gefahr, von ihren mächtigeren Nachbarn aufgesogen, assimiliert zu werden, sondern ebensosehr, daß sie in der eigenen Borniertheit erstarren. Wer sich noch eine offene Haltung zur Welt zu bewahren versteht, gerät dort bald in den Verdacht, das Erbe der Väter zu verraten, und wer als Frucht einer Liebe, die außerhalb der eigenen Ethnie blühte, zur Welt kommt, für den gibt es viele Namen der Verachtung.

Xarnegu bezeichnet so einen »Mischling«, der

sein Leben der Verbindung eines Basken, einer Baskin mit einem Partner aus der Gascogne verdankt, jenem alten okzitanischen Volk, das im Süden Frankreichs, an der anderen Seite der Pyrenäen siedelt. Bei solchem Mischling muß ich unversehens daran denken, daß in Österreich bis vor wenigen Jahren Ehen als Mischehen bezeichnet wurden, die nicht etwa einen Vorarlberger Katholiken mit einer bengalischen Hinduistin oder eine oberösterreichische Protestantin mit einem ägyptischen Muslim verbanden, sondern katholische und evangelische Eheleute aus demselben Dorf. Seltsamerweise hat das Baskische, dessen Stolz auf eine anhangslose Eigenständigkeit eine begreifliche ist, gerade beim xarnegu in den Sprachen, die ringsum gesprochen werden, manchen Verwandten. Der »xarnec« meint etwa im Katalanischen auch so einen Mischling, der diesmal freilich nicht einem baskisch-gascognischen, sondern einem katalanisch-französischen Liebesverhältnis entstammt. Und von dort ist es nicht mehr weit zum gascognischen »canarneg«, und der endlich meint kein Kind von Eltern mehr, die sich von diesseits und jenseits der Pyrenäen in Liebe gefunden haben, sondern schlicht einen abtrünnigen Hund.

YMIR

In der altnordischen Mythologie war Ymir der Urriese, aus dem die Welt geschaffen wurde. Mein Vorschlag, die europäischen Geldgeschäfte daher mit ihm statt mit dem stillosen Euro zu tätigen (1 Ymir = 10 DM oder 70 Schilling), blieb in Brüssel ungehört.

ZWEI EUROPA

Ob es das Christliche Europa war oder das Europa der Währungsunion wird, stets hat ein Teil Europas sich für das Ganze gesetzt und ein anderes abgewiesen – in einen Orient des Heidentums, ein ewiges Asien der Rückständigkeit. Die → Grenzen, die Europa zog, den eigenen Kontinent weiter oder enger zu fassen, mochten ihren Verlauf verändern, gleich blieb, daß es sie gab und daß sie immer mitten durch Europa schnitten und so die einen Europäer zu Europäern, die anderen Europäer zu Barbaren machten. Auch heute ist es eine eigenartige, ja rätselhafte Sache mit diesem Europa, geschieht hier das Gegensätzliche doch stets zugleich: Europa wächst und schrumpft im selben Augenblick, es dehnt sich aus zu nie gekannter Größe und wird dabei doch immer kleiner. Gebiete, die seit Menschengedenken in glückseliger oder stumpfsinniger Abgeschiedenheit für sich gelebt haben, werden angeschlossen ans Zentrum, erfaßt vom Sog der Modernisierung, mit den Metropolen verbunden; ganze Völker hingegen, die seit je in Europa siedelten, sehen sich im selben historischen Moment des eigenen Kontinents verwiesen und, mit dem Abgangsurteil fehlender Europareife versehen, in eine unwandelbare außereuropäische Barbarei verbannt.

Was ist geschehen? Es gab und es gibt zwei Europa auf diesem einen Erdteil, und was Miroslav

Krleža, ein genialer kroatischer Enzyklopäde Europas, am Beginn dieses Jahrhunderts schrieb, am in Agonien zuckenden und in Krisen aufbrechenden Beginn, das gilt an dessen Ende, da die ungelösten Probleme wieder aufbrechen, noch immer. Was damals nicht aufgehoben, nur vom Tisch der Generalstäbler wie der Friedensgewaltigen gewischt wurde, jetzt kehrt es verheerend wieder, was im Aufgang des Jahrhunderts nicht gelöst, nur eingedämmt und seither unter Verschluß gehalten wurde, am Ende brennt es neuerlich, und der Traum des unschuldigen Kartographen, sein Werk für alle Zeiten getan zu haben, wird gerade in Europa zunichte. Krleža, der im altösterreichischen Agram, dem kroatischen Zagreb, aufwuchs, Europa von einem der entzundenen Ränder der Donaumonarchie beobachtend, hatte befunden: »Das imposante Gebäude der europäischen Zivilisation ist aufgebaut auf den Knochen zahlloser besiegter europäischer Völker. Wenn wir heute von Europa sprechen und zu ergründen versuchen, worin die Sendung dieses ruhmreichen, großen und uns so teuren Kontinents besteht, dürfen wir nicht vergessen, daß es zwei Europas gibt. Neben dem klassischen westeuropäischen, musealgrandiosen, historisch-pathetischen Europa lebt noch ein zweites, das bescheidene, in die Ecke gedrängte, seit Jahrhunderten immer wieder unterworfene periphere Europa der östlichen und südöstlichen europäischen Völker. Dies sind die Völker im

Baltikum, im Donau- und Karpatenraum und auf dem Balkan, denen es bestimmt ist, nicht innerhalb der europäischen Mauern zu leben, sondern antemural, eine Art Glacis bildend gegen die osmanische und mongolische Gefahr und gegen alle anderen Bedrohungen militärischer und politischer Art.«

Seit Krleža dieses Verhältnis so bitter beschrieb, ist die Welt eine andere geworden, aber noch immer gibt es diese Teilung Europas, und das eine, das wohlhabende, kurz: unser Europa hat die Macht und die Herrlichkeit zu bestimmen, wo das andere anfängt und unser Reich der Humanität und des Wohlstands, der im Wohlstand geborgenen Humanität und des machtgeschützten Wohlstands, aufhört. Jene eine Mauer in Berlin, die nur eine Generation lang zum Signum der Teilung wurde, ist längst gefallen, doch wie es sie schon früher gegeben hat, ist sie heute durch eine Vielzahl neuer ersetzt worden, die fest gefügt sind und hoch, elektronisch bewehrt und von einem alle Grenzstationen verbindenden Netz von Computern bewacht. Das »Schengener Abkommen«, das die Österreicher zu Wächtern macht, die die südöstliche Grenze, nicht zu sagen: die Ostmark des gelobten Reiches zu sichern haben, schreibt diese Teilung so nüchtern, frei von Skrupeln und Zweifeln fest, wie das nur die Prosa von Bürokraten vermag, in der das Ungeheuerliche als Posten der Bilanz fungiert und die Bestialität einzig unter dem Aspekt ihrer reibungslosen Organisierung, ihres störungsfreien Vollzugs verhandelt wird. Ja, es gibt zwei Europa in dem einen, und während unser Europa sich nach außen zur Festung härtet, brechen im anderen die Menschen auf.

Aber nicht allein vor dem ummauerten Europa der Union bröckelt der Zerfall, er ergreift vielmehr das Europa der Integration selber, wobei er auch hier nicht schicksalhaft über die Menschen kommt, sondern geradezu planvoll in Angriff genommen wird. Die Währungsunion, deren Vorbereitung immerhin die eine Hälfte des Kontinents von den Segnungen Europas ausschließt, kehrt sich als Waffe der Disintegration gegen das von ihr selbstgeschaffene Gebilde, und das Sprengmittel der Disintegration wird die gemeinsame Währung, der Euro, sein. Zwar hat die Europäische Union inmitten der heranflutenden Barbaren eine Kaste von approbierten Europäern, die Bürger der Europäischen Union, geschaffen – aber was wäre das für eine europäische Erfindung gewesen, die immerhin im Inneren der Festung alle als gleich verstünde? Daß sich auch im Europa des Wohlstands die uralten Bevorrechtungen und Standesunterschiede zwischen den Nationen erhalten, daß ökonomischer Vorteil von den einen nicht einfach preisgegeben oder als Motor einer gesamteuropäischen Entwicklung eingesetzt werde, wird die Währungsunion zuverlässig als Trennmittel fungieren. »Kerneuropa«, wie es als bevorrechtetes Europa innerhalb des bevorrechteten Teiles von Europa konzipiert wurde, ist also eine ureuropäische Idee, und es ist kein Zufall, daß sie gerade dort so großen Zuspruch findet, wo der → Nationalismus einst besonders stark war und das Lied von der Überwindung des Nationalismus in einem einigen Europa heute besonders laut gegrölt wird. Um in einer veränderten Welt überleben zu können, darf sich der Nationalismus nicht mehr borniert und unbelehrbar als der Rüpel geben, der er immer war, muß er das gemeine Spiel seiner Muskeln vielmehr mit einem eleganten europäischen Faltenwurf drapieren. Die Währungsunion mit der genialen Erfindung einer Währung, die gemeinsam ist, aber nicht für alle, weil einige nicht nur gleicher als gleich, sondern auch gemeinsamer als gemeinsam sind, also wieder ganz unter sich, die Währungsunion wird es den mächtigen Staaten, der Grande Nation und dem einig Vaterland, ermöglichen, zugleich ihre nationalistischen Ziele rücksichtslos zu verfechten und dabei doch als die besseren Europäer zu erscheinen. Sage einer, das Europa der Ökonomen wäre ein phantasieloses Gebilde!

Das übernationale Europa der Mächtigen, die sich, ihre Ziele durchzusetzen, nicht mehr als jene Nationalisten präsentieren müssen und dürfen, die sie gleichwohl bleiben, definiert sich unterdessen neu und schreibt seine Geschichte zur Heiligenvita um. Was immer in Europa an Barbarischem ins Werk gesetzt wurde, von hier seinen Ausgang nahm, es wird zur außereuropäischen Verirrung erklärt, die uns für kurze Frist nur von unserer historischen Mission abzulenken vermochte. Gereinigt von allen Verbrechen, wird Europa zum Synonym für Demokratie, Toleranz, Menschenwürde umgelogen – als hätten die Indianer, von der Religion des Goldes getrieben, sich zum Völkermord aufgemacht, die Asiaten den Kolonialismus erfunden und die Afrikaner den faschistischen Rassenwahn exekutiert. Fast scheint es, Europa, das immer schon Gegensätzliches zu repräsentieren wußte – den Rationalismus und die Fähigkeit, ihn menschenverachtend zu wenden; die Menschenrechte und die politische Lehre, sie bestimmten Menschengruppen sogleich abzusprechen –, fast scheint es, dieses Europa rede so viel von seiner Geschichte, um sie vergessen zu machen und wenigstens einmal Gleichheit zu verwirklichen: in der generellen Amnesie der europäischen Völker, der allgemeinen und gleichen Gedächtnislosigkeit.

Ein fremdes Land namens Gegenwart

Ein Toter wird Vater, und ein Lebender möchte tiefgefroren werden. Greise Nobelpreisträger stiften ihren Samen ausgewählten Damen und hoffen so, die Menschheit postum zu veredeln. Geschichten, so befremdlich, wie sie nur die Wirklichkeit erfinden kann, literarische Miniaturen, die ein fremdes Land namens Gegenwart zeigen.

120 Seiten, Gebunden
ISBN 3-552-04916-3

Zsolnay Verlag

Kleine Welt
in großer Gefahr

Siebenbürgen, 1944: Der Krieg, der auf leisen Sohlen Einzug in den Alltag einer Kleinstadt hält, die komplizierte Zeit des Heranwachsens, die erste Liebe, brutale Kampfspiele der Hitlerjugend... »*Der geköpfte Hahn* ist ein Erzählwerk, das weit über dem Durchschnitt des gewöhnlich Gebotenen steht ... Möge Eginald Schlattner ein zweiter Fontane werden.«
Egon Schwarz
Frankfurter Allgemeine Zeitung

Zsolnay Verlag

Gerald Boxberger, Harald Klimenta

Die zehn Globalisierungslügen

Alternativen zur Allmacht des Marktes
Originalausgabe · dtv 36085

Ein Mythos wird entzaubert

Die Globalisierung ist heute in aller Munde. Wenn es darum geht, Massenentlassungen und Kürzungen im Sozialetat zu rechtfertigen, wird sie gerne als unser aller unausweichliches Schicksal beschworen. Doch diese »schicksalhafte« Globalisierung der Weltmärkte ist das Ergebnis einer zielgerichteten Industrie-Politik. Die Autoren entlarven die zehn gängigsten Lügen in der aktuellen Debatte, wie z. B. »Die Globalisierung ist nicht steuerbar« oder »Hohe Löhne gefährden den Standort Deutschland«. Sie widmen sich vor allem der innerdeutschen Problematik, liefern neueste Daten und stellen mögliche politische Alternativen zur Diskussion.

Gerald Boxberger ist promovierter Volkswirt. Derzeit ist er freier Dozent und Publizist für Wirtschafts- und Sozialpolitik. *Harald Klimenta* ist Diplom-Physiker. Er ist Initiator von Seminaren und Vorträgen zum Thema Globalisierung.

dtv